PAPIER FRESSERCHEN
MTM-VERLAG
DIE BÜCHER MIT DEM DRACHEN

Impressum:

Alle Personen und Handlungen des Buches sind frei erfunden. Ähnlichkeiten mit lebenden oder verstorbenen Personen sind zufällig und nicht beabsichtigt.

Besuchen Sie uns im Internet:
www.papierfresserchen.eu

Mühlstraße 10, 88085 Langenargen

info@papierfresserchen.de

Erstauflage 2025

Druck: Bookpress, Polen

ISBN: 978-3-99051-402-3 - Taschenbuch
ISBN: 978-3-99051-403-0 - E-Book

Verwandte und andere Katastrophen

Geschichten aus dem kunterbunten Familienleben

Thorsten E. Meier (Hrsg.)

Inhalt

Die Autorinnen + Autoren

Alexander Weiz
Andrea Tillmanns
Barbara Korp
Buora Buonder
Carmen Schmidt
Charlie Hagist
Christian Knieps
Claudia Tadic
Doreen Pitzler
Dörte Müller
Dr. Gabriele Schuster
Hannelore Futschek
Heidi Engel
Helga Licher
Ingeborg Henrichs
Jan Spelunka
Jule Widmann
Juliane Barth
Kerstin Riechert
Mary Nikolska
Monika Schillinger
Nanja Holland
Nicole Gabrys
Oliver Fahn
Olyvia Noak-Christ
Patrick Kühnel
Roswitha Böhm
Tanja Grauenhorst
Ulla Tesch
Ulli Krebs
Valerie Bender
Wolfgang Rinn
Wolfgang Rödig

Geschwister sucht man sich nicht aus

Auf der Beerdigung meiner Mutter hatte ich viel mehr Bammel vor dem Zusammentreffen mit meiner Schwester als davor, vor vielen Leuten eine Rede zu halten, obwohl ich normalerweise nicht der Typ bin, der sich vor einer großen Menschenmenge wohlfühlt.

Da meine Mutter ein herzensguter Mensch gewesen war, der in ihrem Leben vor allem für andere Menschen gelebt hatte, konnte jeder mitfühlen, was ich meinte, als ich am Rednerpult stand und meine Erinnerungen vorlas. Meine Schwester war direkt nach mir dran, und während sie einen ähnlichen Inhalt vor den Versammelten ausbreitete, beobachtete ich ihre Mimik und Gestik, suchte darin meine Ablehnung, die ich mit jeder Faser meines Körpers zu verspüren glaubte, und musste feststellen, dass ich weit weniger in mir spürte, als ich gedacht hatte.

Meine Schwester und ich waren schon immer unterschiedlicher Ansichten gewesen, doch während dies in unserer Jugend vor allem durch unsere Mutter und die tägliche Abwesenheit mit Schule, Sport und Freunden in gewissen Bahnen geregelt gewesen war, rasselten wir spätestens mit dem Abitur aneinander – und viele Vorwürfe und aufgebauschte Nachrichten später waren wir entzweiter, als ich es je für möglich gehalten hatte.

Diesen Zustand kultivierten wir für eine lange Zeit, und er kulminierte in einem Moment, in dem wir uns beide vergaßen und auf der Beerdigung unseres Vaters uns anschrien, so lange, bis uns unsere Mutter aus dem Restaurant warf, in dem wir den Leichenschmaus abhielten. Dieser Tiefpunkt brachte meine Mutter dazu, uns beide nicht mehr gemeinsam einzuladen; penibel achtete sie darauf, dass wir selbst an Weihnachten und Ostern an verschiedenen Tagen zu Besuch kamen. Und unsere Kinder entwöhnten sich voneinander, sodass sie nach einigen Jahren sogar die Namen ihrer Cousins und Cousinen vergaßen.

Ich glaube, meine Schwester und ich taten einfach nichts mehr für unsere Beziehung zueinander, und wenn wir nicht Geschwister gewesen wären, wären wir uns sicherlich nie wieder über den Weg gelaufen.

Doch in diesem Moment, als ich sie beobachtete, fragte ich mich, ob ich sie wirklich so abgrundtief hasste, dass ich nie wieder mit ihr reden wollte. Auch wenn ich den Impuls kaum zu deuten wusste, hörte ich dem Ende ihres Vortrags zu, schenkte ihr ein offenes Lächeln und erhielt eins zurück. Ich war irritiert – sollte sie sich auch Gedanken darüber machen, ob wir die Vergangenheit nicht ruhen lassen konnten?

Ich schwankte und hatte das drängende Gefühl, mich mit meiner Frau zu beraten, wie ich damit umgehen sollte, doch kaum, dass die Zeremonie vorbei war und wir als Familie an der Tür zur Kirche standen, kam meine Schwester auf mich zu, umarmte mich inniglich und hauchte mir ins Ohr, dass wir ab jetzt alleine wären. Vielleicht ging mir dieser Gedanke das erste Mal bewusst durch den Kopf und ich gab ihr mit meinem ganzen Herzen recht, sodass ich die Umarmung annahm und für mich entschied, dass ich diesem Versuch eine echte Chance geben wollte, denn verloren hatte ich schon alles – wir konnten wohl alle nur gewinnen, wenn wir beide es noch mal versuchten, wieder echte Geschwister zu sein.

Ich sah über die Schulter meiner Schwester in die Augen meiner Frau, die mir stumm zunickte, dass alles gut sei, und ich spürte, trotz des Todes unserer Mutter, eine neue Kraft in mir aufsteigen: die Kraft der Familienzusammengehörigkeit.

Christian Knieps, *geboren 1980, lebt und arbeitet in Bonn, schreibt Romane, Theaterstücke, Novellen und Kurzgeschichten. Zuletzt: „Chaos:Vater". Mehr Infos zu den Veröffentlichungen auf christianknieps.net.*

Eine nichtungehaltene Rede

„Warte bitte, Karola. Ich möchte gerne mit dir sprechen."

Unverkennbar die schnarrende Stimme des Schuldirektors! Ich zuckte zusammen und drehte mich zögerlich um. „Schlechtes Zeichen, wenn er dir sogar nach Schulschluss auf dem leeren Pausenhof hinterherrennt", dachte ich. „Noch dazu, wo es gerade zu schneien anfängt."

Ich spürte das Kitzeln der schmelzenden Schneeflocken auf meiner Nase. Als wollten sie mich taktvoll an etwas erinnern ... Die Spickzettel in Hieroglyphencode? Gefälschte Hitzefreimitteilungen? Die Stinkbombe in Frau Schneiders Sportschuhen?

Schnee von gestern! Hatte ich im Unterricht mal wieder meine Klappe zu weit aufgerissen? Was Falsches gesagt? Jemanden beleidigt? Zumindest nicht in letzter Zeit. Die Noten? Nicht berauschend, aber kein Fall für den Dirigenten persönlich.

Dr. Pfeifer musste meine verunsicherte Miene bemerkt haben, denn er lächelte sogar und sagte mit ungewohnt schmeichelnder Stimme: „Dauert nicht lange. Ich bräuchte nur mal deine Hilfe."

„Klar, wer nicht", dachte ich, versuchte aber, freudig überrascht zu schauen.

Irgendwann hatte mir nämlich zu dämmern begonnen, dass ich das bei den Lehrern verscherzte Wohlwollen nur durch freiwilliges Engagement abwenden konnte. Seitdem kam alle paar Tage ein Lehrer wegen irgendeiner anderen Aufgabe, die er delegieren wollte. Doch Pfeifer selbst ... das musste etwas wirklich Wichtiges sein. Blöderweise passte es jetzt überhaupt nicht. Papa wartete daheim bestimmt schon auf das Mittagessen.

„Nächsten Freitag findet ja das große Jugendkonzert in der Stadthalle statt und unsere Schule ist der Hauptausrichter, wie du ja weißt ..."

Klar wusste ich das. Ich war ja im Organisationsteam und bereute es mittlerweile, dass ich mich dieser Bande von Wichtigtuern angeschlossen hatte, die die Arbeit am liebsten anderen überließ. Zur Sicherheit stellte ich mich daher erst mal dumm.

„Vielleicht ist dir auch bekannt, dass ich gebeten wurde, ein kleines Grußwort zu sprechen, als Schirmherr sozusagen."

Mir begann etwas zu schwanen, ich bemühte mich aber, meine Miene unter Kontrolle zu halten. Hieß es nicht, seine geplante Rede bereite ihm schon vier Wochen schlaflose Nächte?

In süßlichem Ton fuhr er fort: „Weißt du, ich würde bei der Eröffnung des Konzerts gerne eine lockere Atmosphäre schaffen. Meine Rede sollte humorvoll sein und den jungen Künstlern die Nervosität nehmen, gleichzeitig aber zum Thema hinführen, ohne mit Theorie und Verwaltungsfloskeln zu langweilen. Aber als Mathematiker bin ich im Formulieren ja nicht so geübt und da dachte ich …" Sein Blick wanderte in die tief hängenden grauen Wolken.

Hatte ich es doch geahnt! Ich biss mir auf die Zunge, um eine sarkastische Bemerkung zu unterdrücken, und ließ ihn schmoren.

„Na ja, da dachte ich, dass du vielleicht deinen Vater bitten könntest, vorab mal über das Manuskript zu schauen", brachte er endlich heraus und drückte mir eine Klarsichtfolie in die Hand.

Es war allgemein bekannt, dass mein Vater seinen Job als Jazzmusiker vor einigen Jahren zugunsten der unsteten Schauspielkarriere seiner Frau an den Nagel gehängt hatte und jetzt dank ihrer Kontakte als mittelmäßiger Drehbuchautor etwas dazuverdiente – Detektivserien, Vorabendkrimis, solche Sachen, ein Tatort war wohl auch mal dabei. Meistens war er schlecht gelaunt, rauchte viel und sprach wenig, den Haushalt erledigte ich.

Ich wusste genau, wie er auf die Anfrage reagieren würde: Mit Flüchen und Beschimpfungen auf die verbeamteten Sesselfurzer, die fürs beredte Nichtskönnen befördert und fürs Katzbuckeln mit Pensionsansprüchen belohnt wurden.

Doch was sollte ich tun? Dem Direktor gegenüber konnte ich mich nur bemühen, möglichst unverbindlich zu bleiben. Ich versprach, mein Bestes zu tun, mein Vater sei leider zurzeit sehr beschäftigt, stecke gerade mitten in einem dringenden Projekt, zeitlich sei das ja schon sehr knapp und so weiter.

Als ich Vati daheim nach dem Mittagessen dann die Blätter zeigte, hegte ich keine großen Hoffnungen. Doch überraschenderweise verschwand das anfängliche Stirnrunzeln schon nach wenigen Augenblicken. Er zückte den Bleistift und begann, eifrig zu streichen und zu kritzeln.

Keine zwei Stunden später war aus der verkrampften, bürokratendeutschverseuchten Erbauungsansprache eine ironische Reflexion über die Lust am Risiko des Scheiterns geworden, gewürzt mit saftigen Anekdoten und sarkastischen Einschüben, die aus Vatis Musikerleben stammen mussten. Als er nach siegreichem Kampf schließlich die Rede im Duktus unseres Schuldirektors in der Küche vortrug, bogen wir uns vor Lachen. Ich sah zum ersten Mal Tränen in seinen Augen schimmern – ein seltsames Gefühl der Rührung ergriff mich.

Als Dr. Pfeifer anderntags das Manuskript in Händen hielt, strahlte er. Ich sah ihn stumm, doch mit leuchtenden Augen deklamieren, den Erfolg der Rede innerlich vorwegnehmend.

Am Abend des Konzerts allerdings – ich war gerade mit dem Aufbau beschäftigt – stürzte Dr. Pfeifer mit dem Ausdruck panischer Verzweiflung auf mich zu: blass, zerzaust, schweißgebadet, offensichtlich mit den Nerven am Ende.

„Aus und vorbei“, jammerte er. „Wir müssen absagen.“ Mit einem zerknitterten DinA-4 Zettel wedelte er mir vor der Nase herum.

10 Eier, 500 g Hackfleisch gemischt, Semmelbrösel, entzifferte ich mühsam.

„Das Manuskript liegt noch daheim!“ Dr. Pfeifer war den Tränen nah und im Zuschauerraum wurde erwartungsvoll gemurmelt.

„Haben Sie einen Bleistift?“, fragte ich demonstrativ gelassen, da ich die Chance witterte, mich als Krisenmanagerin zu profilieren. Ich riss ihm den Einkaufszettel aus der Hand.

Lernen für die Schule war zwar nicht so mein Ding, aber auf mein Gedächtnis war halbwegs Verlass. Ohne Zögern schrieb ich den Redetext meines Vaters aus der Erinnerung nieder, war ich nicht sicher, dann formulierte ich spontan. Nach zehn Minuten reichte ich ihm wortlos den beidseitig eng beschriebenen Zettel. Er runzelte erst ungläubig die Stirn, dann hellte sich seine Miene auf, schließlich umarmte er mich: „Karola, du bist meine Rettung!“

Die Rede war ein voller Erfolg, mehrfach wurde Dr. Pfeifer durch spontanen Applaus und Lachsalven unterbrochen. Am Ende der Rede tobte der Saal und berauscht von der ausgelassenen Atmosphäre wuchsen dann auch die Musiker über sich selbst hinaus. Alle schienen glücklich.

Als ich später zum Abbauen auf die Bühne ging, ließ sich Dr. Pfeifer immer noch für die gelungene Veranstaltung beglückwünschen. Ich klappte gerade einen Notenständer zusammen, da entdeckte ich Papa. Schwerfällig und mit grimmiger Miene erhob er sich gerade aus der letzten Reihe, wo er die ganze Zeit gekauert haben musste. Kein gutes Zeichen.

Als ich endlich nach Hause kam, war es schon fast elf Uhr und ich vermutete, dass Papa schon schlafen gegangen war. Doch in der Küche brannte noch Licht – er hatte also auf mich gewartet. Als er mich in der Küchentür sah, sprang er auf und donnerte gleich los: „Euer Direktor, die falsche Schlange. Was will er von mir? Mich demütigen? Mir zeigen, dass er es besser kann als ich?"

Ich versuchte mir in Erinnerung zu rufen, worüber wir vor wenigen Tagen bei Papas Vortrag Tränen gelacht hatten, doch immer wieder quatschte Dr. Pfeifer dazwischen. Irgendwann gab ich es auf und beschloss, dass es keine Rolle spielte, wer was geschrieben hatte.

Ich nahm Vaters Hand und überzeugte uns beide davon, dass es sein Gedächtnis war, das ihm einen Streich gespielt hatte.

Danach briet ich Fleischpflanzerl – unser erstes gemeinsames Abendessen, seit Mama ausgezogen war.

15 Jahre hat sich ***Patrick Kühnel*** *(geboren 1970) durch die verschiedensten Fächer von Islamwissenschaft über Jura bis Mathematik studiert, sich als Fensterputzer, Straßenmusiker und Projektmanager in der Automobilindustrie verdingt, mehrere Jahre in Ostasien verbracht, bis er 2005 schließlich in Allgemeiner Linguistik promovierte und im akademischen Betrieb landete. Zurzeit lebt er mit seiner deutsch-chinesischen Familie in Peking. Das Leben ist für ihn ein Kaleidoskop aus ungelebten Geschichten und Identitäten, aus dem er ab und zu einen gestaltlosen Splitter herausreißt, um ihn sprachlich ins Sein zu zwingen.*

Elefanten aus Jerusalem

„Wo ist denn der Elefant aus Holz? Oder ist der schon kaputt?“ Unsere Mutter, im innerfamiliären Sprachgebrauch *la Mama* genannt, wollte mal eben wieder etwas wissen. Eine Herausforderung, zumindest manchmal, auch für erfolgreich ausgelagerte Kinder im Best Ager-Alter.

„Welcher Elefant? Du meinst bestimmt das Kamel“, so die Nachfrage der Tochter, mittlerweile ihrerseits ausgestattet mit Erinnerungslücken an die eigenen Kindertage.

„Ach ja, das Kamel von ihrer Reise nach Jerusalem. Wo könnte ich das denn aufgehoben haben. Irgendwo müsste es noch sein, bestimmt.“ La Mama zeigte sich hoffnungsfroh und gestern und heute fielen zusammen ins Jetzt. Übrigens, für viele Weisheitslehren ein idealerweise anzustrebender Zustand.

„Wie lang ist Omas Reise eigentlich her?“, lautete die Nachfrage ihres weiblichen Nachkömmlings aus der Gegenwart.

„Bestimmt ein halbes Jahrhundert oder schon mehr“, erklang la Mamas Antwort und auf ihrem Gesicht lag ein liebevolles Schmunzeln. Zur zeitlichen Einordnung sei erwähnt, dass unsere Oma, also ihre Mutter, vor drei Jahrzehnten verstarb.

Doch wie es oft in Familien zu beobachten ist, gehören alle, auch die bereits Vorausgegangenen einfach weiter dazu, als habe Zeit keine Bedeutung … Wer weiß das schon genau?

Also fasste ich zusammen: „Vor über vierzig Jahren reiste deine Mutter zum ersten Mal nach Israel und hat ihren Kindern Kamele, geschnitzt aus Holz, mitgebracht. Und nach deinem Kamel suchst du jetzt? Frag doch mal bei deinen Schwestern nach, vielleicht steht es da.“

Ingeborg Henrichs, *zu Hause in Ostwestfalen, verfasst bevorzugt kürzere Texte, manchmal bildnerische Arbeiten. Einige Veröffentlichungen.*

Wie der verflixte Geist aus der Flasche ...

Eigentlich habe ich mir immer eine kleine Schwester gewünscht, erfüllt hat sich dieser Wunsch nicht. Stattdessen war ich von drei Brüdern *umzingelt*. Egal, wo ich mich befand oder hinging, *stolperte* ich über einen meiner Brüder.

Verwandte hatten wir viele. Skurrile, Zigarren rauchende Onkel, die so alt waren, dass sie schon mal ihre Zahnprothesen im Bad vergaßen. Nervige Großtanten, die uns als Kinder stetig abküssen wollten und uns, aus der Froschperspektive gesehen, eher Angst einjagten ... Unsere Eltern waren die Jüngsten unter den Geschwistern auf beiden Seiten der Familie. Daher waren unsere Cousinen im Durchschnitt fast zehn Jahre älter.

Bereits wenige Jahre nach meiner Geburt bekamen sie ihre eigenen Kinder. Dadurch wuchs ich quasi mit der nächsten Generation zusammen auf. Schwierig wurde es mit einem Mädchen, welches mir extrem ähnlich sah und zu dem sich der Altersunterschied zwischen uns auf knapp zwei Jahre belief. Anfänglich war es niedlich, wenn meine Mutter mit uns zum Eissalon ging oder auf sie aufpasste. Beide hatten wir Sommersprossen, blonde Haare und der Altersunterschied passte zu Geschwistern, was ich anfänglich cool fand. Endlich war da die kleine Ersatz-Schwester, von der ich geträumt hatte.

Viktoria, von allen in der Familie Vicky gerufen, entwickelte im Laufe der Zeit Angewohnheiten wie Eigenheiten, die niemandem gefielen. Insbesondere ihr Jähzorn war ausgeprägt. Sobald sie etwas haben wollte, zog sie sämtliche Register und legte eine bühnenreife Showeinlage hin. Es begann mit Betteln, über Jammen und gipfelte im Gezeter. Anfänglich ließ sich ihre Mutter noch dazu hinreißen, ihre Wünsche zu erfüllen. Mit zunehmendem Alter, kurz vor der Einschulung, waren die Einlagen eher peinlich und endeten mit lautstarkem Geschrei. Sobald sie bemerkte, dass ihr Theater nichts brachte, warf sie sich auf den Boden. Egal ob im Supermarkt – weil sie etwas Bestimmtes haben wollte, oder auf der Straße, wenn ihre

Mutter beispielsweise nicht den Weg zum Spielwarengeschäft einschlug, um ihr etwas zu kaufen.

Kurz und gut, Vicky entwickelte sich zur Familiennervensäge. Wenn sie bei uns zu Besuch war, warf sie unser gesamtes Spielzeug durcheinander, packte alle Spielkisten aus und vergriff sich zuletzt an meinen Puppen – die anschließend ohne Kleidung achtlos herumlagen. Oftmals waren Spielsachen kaputt oder Eselsohren in Büchern. Sie nutzte jeden unbeobachteten Augenblick, um etwas anzustellen. Selbst vor unseren Kleiderschränken machte sie nicht Halt. Alles wurde aus den Fächern oder Schubladen geworfen. Es musste sich um sie drehen! Sie verlangte volle Aufmerksamkeit – egal wie, womit oder wodurch. Grundsätzlich trug sie weder Schuld an kaputten Dingen, Streitereien oder zertretenen Pflanzen im Garten. Das Schlimmste war, ihre Oma nahm sie immer in Schutz und wir anderen waren die Schuldigen – egal woran.

„Das arme Kind!", hieß es jedes Mal.

Unsere Eltern beschränkten die Besuche zunehmend. Innerhalb der Woche lernten wir für die Schule, an den Wochenenden nahmen meine Brüder häufig an Sportveranstaltungen teil. So trafen wir uns – glücklicherweise – allenfalls zu den größeren Familiengeburtstagen oder an Weihnachten.

Sie war wie der Geist aus der Flasche, der aufs Stichwort erschien. Ihre Auftritte mit schriller Kleidung oder vielfach gefärbten Haaren legendär. Auf dem achtzigsten Geburtstag ihrer Oma stellte sich mein kleiner Bruder breitbeinig vor sie hin, musterte sie längere Zeit, ehe er fragte: „Hast du ein Vogelnest auf dem Kopf?"

Vicky war so wütend, dass sie ihm sogleich eine Tracht Prügel androhte. Da sie ohne Vater aufwuchs, entglitt meiner Cousine mehr und mehr die Kontrolle über sie. Mit fortschreitender Pubertät verloren wir den Kontakt.

Unglücklicherweise lief sie mir während eines Rockkonzerts der Höheren Handelsschule wieder einmal über den Weg. Ich hatte direkt das mulmige Gefühl, dass der böse Geist aus der Flasche wieder frei gelassen worden war. Glücklicherweise sah ich sie zuerst. So konnte ich gerade noch rechtzeitig die Flucht ergreifen – auf eine neuerliche Begegnung oder mögliche Peinlichkeit legte ich keinen Wert ... Später fand ich ein Foto in der Schülerzeitung. Vicky war angetrunken auf die Bühne gestolpert, hatte den Sänger abgeknutscht und einen Song mitgegrölt, ehe man sie mit Nachdruck von der Bühne komplementierte. Zwei Wochen später war unsere Abschlussfeier – und ich mehr als erleichtert. Ich hoffte, dass dieses Kapitel der Familiengeschichte abgeschlossen war.

Es dauerte etwa fünfundzwanzig Jahre, ehe wir uns auf einer Beerdigung wiedertrafen … Gleich kehrten alle Emotionen aus der Kinderzeit zurück – auch das mulmige Gefühl! Außerdem war die Familienähnlichkeit (leider) immer noch nicht völlig zu verleugnen.

Zielgerichtet steuerte sie auf mich zu. „Du hast nichts dagegen?", fragte sie leise und setzte sich zu mir. Innerlich seufzend schüttelte ich den Kopf. „Ich habe dich gleich wiedererkannt. Du siehst aus wie deine Mama", erklärte sie mir.

„Sie kann mich nicht verleugnen", war meine kurze Antwort. Ein kleiner Small Talk folgte, den ich erstaunlicherweise nicht gleich als negativ verbuchte. Plötzlich kam eine weitere Frau auf die Bankreihe zu, nachdem sie sich vorher suchend umgesehen hatte. Vickys jüngere Halbschwester Katharina, die ich zuletzt bei ihrer Firmung gesehen, aber immer in angenehmer Erinnerung behielt.

„Valerie, es ist schön, dass auch du gekommen bist", begrüßte sie mich, wobei sie ihre Schwester mit einem knappen Kopfnicken grüßte.

Nach der Beisetzung standen sich die Halbschwestern seltsam schweigend, beinahe verlegen gegenüber. Erstaunlicherweise sprachen sie nicht miteinander. Da ich in jungen Jahren immer der Vermittler zwischen ihren Streitigkeiten war, fiel ich in das alte Muster, fragte geradeheraus, was los sei.

„Wir haben schon seit vielen Jahren keinen Kontakt mehr", erklärte Katharina kurz.

„Von mir aus kann es auch so bleiben", reagierte Vicky ruhig, aber mit körperlicher Anspannung.

Ich schluckte. „Ihr seid so blöd!", platzte es aus mir heraus. „Endlich trefft ihr euch wieder und habt nichts Besseres zu tun, als auf alten Streits zu beharren, die heute keinen mehr interessieren. Denkt daran, wie gut ihr euch als Kinder verstanden habt. Seht diese Beerdigung als Vermächtnis eurer Tante, hier und heute Frieden zu schließen und alle alten Reibereien ebenfalls zu begraben. Verzeiht einander die Verletzungen der Kinderzeit, den alten Groll, die Dinge, die durch Fehler wie Einmischungen von Omas, Tanten und Eltern schiefgelaufen sind. Heute seid ihr Erwachsene, also benehmt euch auch so …" Während ich sprach, kam mir die Erkenntnis, dass mein Groll ebenso dazu gehörte. „Ich hätte so gerne eine Schwester gehabt, stattdessen ärgerten oder nervten mich meine Brüder, wo sie konnten."

Überrumpelt von meinem Ausbruch oder der Tatsache, dass ich so beharrlich reagierte, reichten sich beide die Hand. Meinem *Geist aus der Flasche* habe ich an diesem Tag übrigens die Freiheit geschenkt und ihn seiner Wege ziehen lassen …

PS: Mittlerweile telefonieren wir hin und wieder, wobei wir uns als Erwachsene kennenlernen.

Die Autorin ***Valerie Bender*** *wuchs am Rand des Münsterlands auf, wo sie heute wieder wohnt. Erlebnisse wie eigene Geschichten schrieb sie immer wieder mal auf und beteiligte sie sich an Wettbewerben. Einige ihrer Kurzgeschichten sowie Fantasiegeschichten wurden bereits in Anthologien veröffentlicht.*

WhatsApp – Nachricht mit Folgen

Du zeigst mit dem Finger auf die Glastür im Flur, sagst leise, fast flüsternd: „Geh! Wenn du gegangen bist, brauchst du nicht wiederzukommen. Nie wieder! Es ist aus. Endgültig vorbei."

„Ich versteh dich", sage ich. Ich habe eine WhatsApp verschickt. Ihr Inhalt wurde von meinen Träumen geflochten, die daraus entstandene Nachricht wurde durch eine Panne versendet. An eine dubiose Empfängerin. Nun ziehst du mich zur Rechenschaft. Verständlicherweise.

Nimm deinen Finger herunter. Ich bitte dich. Du weist mir die Tür, doch hörst du mir zu? Bitte! Ein letztes Mal. Ich hatte Kosten und keinen Nutzen, nur Schaden, und jetzt zerrst du mich zu Gericht. Verstehst du, was ich meine?

Der Klick war ein Versehen. Der Teufel stationiert Sünden, schwache Menschen tappen in sie hinein, sagst du leichtfertig dahin und wiederholst unermüdlich, wovon ich mich angesprochen fühlen muss. Ich gestehe dir ein Missgeschick, das ich in deiner Gegenwart keine Lappalie nennen darf. Kleinvieh, das deiner Meinung nach Mist macht. Einigen wir uns, ich hätte besagte platonische Freundschaft ein wenig zu arg ausgereizt.

Gib nicht die Furie! Deinen Nüstern wachsen Flügel. Wollen sie den Rückenwind produzieren, der mich durch die Eingangstür hinausbläst? Eine letzte Chance! Ich bin dein Angeklagter, ich bitte um Entlastung. Solange du mich nicht vorsprechen lässt, werde ich hier stehen, in Stille streiken. Zieh nicht beleidigt ab. Du brauchst mir nicht verzeihen. Schmeiß mich ruhig raus. Erst aber will ich meinen Tatbestand relativieren.

Innerlich plädiere ich auf Freispruch und hoffe deinerseits auf ein milderndes, zur Bewährung ausgesetztes Urteil. Eine literarische Liebschaft per WhatsApp mit einem hypothetischen Eheangebot zu überschütten, mag unter strenger Auslegung unseres Treuegelübdes keine Heldentat gewesen sein, aber musst du mich deshalb in meiner

Verteidigung unterbrechen? Du unterstellst mir, das Ausmaß unserer Lage mit Witzigkeit kleinzureden. Nimm deinen Finger runter! Deine ständigen Wegweisungen Richtung Ausgang übersteigern meine Toleranz. Zu gegebener Zeit werde ich ihn finden! Sei vernünftig. Ohnehin wollte ich meine anzügliche WhatsApp revidieren. Allein mein technisches Verständnis hat die Rückholbarkeit der versendeten Nachricht scheitern lassen. Ich bedauere zutiefst, sie abgeschickt zu haben. Mein Fauxpas hat mich geläutert.

Nicht dein Ernst! Du schiebst mich mitsamt meinen beiden Koffern hinaus, weil ich meine Muse durchs Smartphone geküsst habe. Eine dezentere Methode von Zuneigung konnte es nicht geben.

Autsch. Das war mein Bein, das nicht rechtzeitig über die Türschwelle gekommen ist. Ich hinke.

„Arzt!", rufst du durch die Sprechanlage.

Danke, gutes Stichwort.

Schimpfnamen folgen.

Würdest du das Verlaufsprotokoll unseres Schriftverkehrs exakter lesen, könntest du erkennen, dass Verkehr nicht meint, was du denkst.

Laut der Sätze, die aus dir herausbrodeln, sehen wir uns.

Demnächst in der juristischen Arena.

***Oliver Fahn**, geboren am 21. März 1980 in Pfaffenhofen an der Ilm, Oberbayern, ist ein vielseitiger Autor. Seine Werke sind unter anderem bei DUM, Radieschen, eXperimenta und etcetera erschienen. Zudem wurden seine Texte von der Stadt St. Pölten und der Friedrich-Naumann-Stiftung veröffentlicht. Gemeinsam mit der Schriftstellerin Polina Jäger nimmt er regelmäßig an Wettbewerben teil.*

Dumm gelaufen

Also, ich drück's mal so aus: Ich habe ein ganz besonderes Talent.

Nein, ich spiele nicht Klavier und male auch keine Aquarelle. Ich habe das große Talent, mit beiden Füßen – und meistens mit Anlauf – in jedes Fettnäpfchen zu springen, das sich mir in den Weg stellt. Es kann noch so klein sein, ich treffe es immer ...

Onkel Hugo hat zu seinem fünfundsiebzigsten Geburtstag eingeladen. Nun ja, Geburtstage haben oft die Angewohnheit, auf äußerst ungeeignete Wochentage zu fallen. Onkel Hugos Ehrentag macht da keine Ausnahme. Ich mache meinem Onkel keinen Vorwurf, er kann nun wirklich nichts dafür, aber für mich konnte dieser Tag nicht ungünstiger sein.

Es gibt eine Menge Theorien, warum an manchen Tagen einfach nichts rund läuft. Vielleicht habe ich vergessen, den Tag freundlich zu begrüßen ...

Auf jeden Fall hat mein Mann vergessen, den Wecker zu stellen, und so verschlafen wir zunächst erst mal meinen Friseurtermin. Frühstück gibt es auf die Schnelle, da ich um zehn Uhr bereits bei meiner Schneiderin sein muss. Sie hatte sich bereit erklärt, den Saum meines Rockes einige Zentimeter zu kürzen, eine Arbeit, die ich äußerst ungern erledige.

Aber es sollte noch schlimmer kommen.

Um zwanzig Minuten vor zehn stellt mein Mann so ganz nebenbei fest, dass wir unbedingt noch tanken müssen, und um zehn Minuten vor zehn beschließt unser Hund, unser gastliches Haus zu verlassen, das heißt, er kratzt in einem unbemerkten Augenblick die Kurve.

Mein Mann reagiert wie immer gelassen. „Er kommt schon wieder ...", ist sein Kommentar.

Ich mache mir Sorgen, eigentlich nicht so sehr um den Hund, sondern um die Zeit, die mir davonrennt. „Er kennt sich doch nicht aus, er wird sich verlaufen", sage ich mit einem nervösen Blick auf meine Armbanduhr.

Sie können sich sicher denken, dass meine Schneiderin an diesem Tag vergeblich auf mich wartete. Als wir nach Stunden unseren Hund im Teich unseres Nachbarn wiederfinden, bleibt mir gerade noch eine Stunde Zeit, um mich ausgehfein zu machen. Das klärende Gespräch mit unserem Nachbarn, wer letztendlich die Goldfische bezahlt, die unser Hund bei seinem Tauchgang gefressen hat, überlasse ich großzügig meinem Mann. Er versteht es ohnehin besser, in heiklen Diskussionen gelassen zu bleiben. Ich sperre unseren Hund zunächst in die Küche und schließe mich dann für die nächsten dreißig Minuten im Badezimmer ein.

Es regnet in Strömen, als ich mich einige Zeit später, eingehüllt in einen Regenmantel mit großer Kapuze, an der Seite meines Mannes, auf den Weg zu Onkel Hugos Geburtstagsfeier mache.

Zu meiner Überraschung nimmt uns die Verspätung niemand übel. Onkel Hugo sieht uns schmunzelnd an, andere Gäste lachen hinter vorgehaltener Hand.

Erstaunlicherweise reicht allein unser Erscheinen, um allgemeine Heiterkeit auszulösen. Verwirrt sehe ich meinen Gatten an, der mich unauffällig zum Garderobenspiegel führt. „Die Lockenwickler, die du noch auf dem Kopf trägst, stehen dir heute aber besonders gut ..."

Die Autorin ***Helga Licher*** *schreibt seit Jahren Kolumnen, Artikel und Geschichten für verschiedene Zeitschriften. Ihr letzter Roman heißt „Irrlichter und Spökenkieker". Sie lebt mit ihrer Familie in einer beschaulichen Kleinstadt im Osnabrücker Land, dort findet sie die Ideen für ihre Geschichten und fühlt sich dort sehr wohl.*

Meine Tante Lisbeth

Meine Tante Lisbeth, die wohnte ganz allein
in einer kleinen Wohnung direkt in Hildesheim.
Meine Tante Lisbeth fuhr gerne mit der Bahn
und suchte ganz verzweifelt einen netten Mann.
Sie hat ihn nie gefunden, das tat mir wirklich leid.
Sie trug Perlenketten und auch ein schickes Kleid.
Oft saß sie stumm am Fenster und schaute auf die Stadt.
Sie gab die Hoffnung auf und hatte Männer satt!
In den Weihnachtsferien, da hat sie uns besucht
und für den nächsten Sommer wurde Scharbeutz gebucht.
Wir haben viel gespielt und mit ihr viel gelacht
und sie hat natürlich Geschenke mitgebracht.
Meine Tante Lisbeth feierte gerne Feste
und nach dem Mittagessen aß sie unsre Reste.
Meine Tante Lisbeth, die wurde achtzig Jahr.
Meine Tante Lisbeth war einfach wunderbar.

***Dörte Müller** (geboren 1967) schreibt und illustriert Bücher für Kinder. Sie liebte ihre Tante Lisbeth aus Hildesheim, die jedes Jahr Weihnachten angereist kam und Weihnachtsstimmung verbreitete. Tante Lisbeth feierte ein großes Fest an ihrem achtzigsten Geburtstag und verstarb einen Tag später.*

Dorettes Brief

Von Kindheit an habe ich eine liebevolle Beziehung zu Äpfeln. Sie sind definitiv mein Lieblingsobst. Manchmal denke ich, es muss so etwas wie ein Apfelgen geben, denn meine Kinder sind auch Apfelfans. In jeder Form – vom Bratapfel bis zum Apfelkuchen.

Diese Vorliebe hat wohl ihren Ursprung bei Oma Dorothea, genannt Dorette. Die Mutter meines Vaters war eine kleine, zierliche Person mit einer etwas schiefen Nase und zwei verschieden großen Füßen. Sie trug nur dunkle Kleidung. Ihre fünf Söhne hatte sie alleine groß gezogen, da mein Opa im Alter von 36 Jahren an Magenkrebs verstarb. Ich lernte ihn nie kennen. Oma Dorette wohnte bei uns im Erdgeschoss. Sie begann jeden Tag mit einem Gläschen Korn und interessierte sich für alles, besonders für meine Liebesgeschichten. Als Teenager saß ich abends oft bei ihr und holte mir Ratschläge.

„Ach ja, die Jugend ist doch schön", seufzte sie wehmütig und biss in ihr Weißbrot mit Quark. Sie hatte für alles Verständnis und kam mir nie mit dem moralischen Zeigefinger, den meine Mutter so gerne erhob.

Oma Dorette hatte ihre Söhne politisch erzogen. An jedem 1. Mai trommelte sie die Söhne aus den Federn, damit sie demonstrierten. Auch wenn sie vorher gefeiert hatten, gab es kein Pardon. Ihre Geburtstage stellten stets große Familientreffen dar. Keiner ihrer Angehörigen ließ es sich nehmen, ihr zum Geburtstag zu gratulieren.

Als sie nicht mehr so gut laufen konnte, übernahm ich ihre Einkäufe. Zweimal in der Woche schickte sie mich zum Obsthändler, der am Ende der Straße einen kleinen Laden besaß. Jedes Mal sollte ich ihr einen Apfel der Sorte Ingrid Marie mitbringen. Mir kamen diese Einkäufe sehr umständlich vor.

„Kauf doch zwei Äpfel für die ganze Woche", schlug ich vor. „Oder besser noch, fünf Äpfel – für jeden Tag einen." Davon wollte sie nichts wissen. „Dann sind die Äpfel nicht mehr frisch", sagte sie störrisch und drehte sich um.

Obsthändler Leusing, ein hoch gewachsener, schlanker Mann in mittleren Jahren, lachte mir schon entgegen, wenn ich den Laden betrat. Sofort nahm er zwei besonders schöne Ingrid Marie aus der Apfelkiste und rieb sie mit einem Ärmel blank. Einen Apfel packte er liebevoll in eine Tüte, den zweiten drückte er mir in die Hand. „Für den Weg", sagte er mit warmer Stimme. Dabei strahlten seine dunklen Augen, die gut zu den braunen Locken passten. Er gefiel mir, weil er eine anziehende Wärme ausstrahlte. Der bräunliche Teint und die abstehenden Ohren gaben dem Gesicht einen besonderen Charme.

Ich schaffte es einfach nicht, meinen Apfel nicht angebissen nach Hause zu bringen. Er duftete so verlockend, dass ich schon auf dem Heimweg das erste Mal abbiss und nachdenklich den Rest betrachtete. Was war bloß das Besondere an diesem Apfel?

Sein süß-säuerliches Fruchtfleisch ließ mir jedes Mal das Wasser im Mund zusammenlaufen. Jeder Bissen schmeckte aromatisch, einfach himmlisch.

Wenn ich mich umdrehte, sah ich, dass Herr Leusing in der Tür stand und mir lächelnd nachsah. Meine Oma wartete oft am oberen Ende der Straße auf mich und winkte mir zu. Ich verstand nicht, warum der Kauf eines Apfels für diese beiden so aufregend war, dachte aber nicht weiter darüber nach.

Mit 21 Jahren verließ ich mein Elternhaus, um in die nächst gelegene Großstadt zu ziehen. Kurz zuvor hatte der Obsthändler den Laden aus Altersgründen geschlossen. Kurz danach erkrankte meine Großmutter an Nierenkrebs. Ungefähr sieben Mal versammelte sie die gesamte Familie am Krankenbett, um sich von uns zu verabschieden. Sie starb nach langer Krankheit mit 79 Jahren. Nun gab es keine Familientreffen zum Geburtstag mehr, jeder ging seiner Wege. Ein letztes Mal trafen wir uns alle zur Beerdigung.

Unter den vielen Trauergästen auf dem Friedhof entdeckte ich auch den Obsthändler. Alt war er geworden, das Gesicht grau und faltig. Gebückt stand er in einer Ecke, die knotigen Hände auf einen Stock gestützt. Trotz der Entfernung konnte ich Tränen in seinen Augen entdecken.

Auf Wunsch der Verstorbenen verlas mein Vater während des anschließenden Kaffeetrinkens einen Brief, den ihm meine Oma kurz vor ihrem Ende gab. Darin gestand sie, dass nicht alle fünf Söhne von meinem Opa stammten.

Opa Franz heiratete sie, als sie schon im zweiten Monat von einem anderen Mann schwanger war. Natürlich galt er als leiblicher Vater des Sieben-Monats-Sprösslings, doch der biologische Erzeuger hieß Wilhelm Leusing, unser Obsthändler. Er war Omas große Liebe, von dem sie nie lassen konnte. Die beiden trafen sich heimlich immer wieder. Frau Leusing konnte keine Kinder bekommen, doch ihr gehörte der Laden. Deshalb schien eine Trennung in der damaligen Zeit unmöglich.

Nach dem Verlesen des Briefes herrschte eine unheimliche Stille. Dann redeten alle wild durcheinander. Meine Mutter behauptete, es schon immer geahnt zu haben. Es klang in meinen Ohren neidisch. Die Söhne saßen regungslos auf ihren Stühlen. Mein Vater versuchte zu retten, was zu retten war.

„Ihre fünf Söhne hat sie alleine groß gezogen“, meinte er lahm. Mein jüngster Onkel Richard fiel im Krieg.

Die Trauergemeinde löste sich schnell auf. Alle mussten das Gehörte erst mal verarbeiten. Zuerst war ich völlig konsterniert, dann musste ich innerlich lächeln. Ich fragte mich, weshalb sie gerade jetzt alles gestand. Vielleicht wollte sie vor dem Tod ihr Gewissen erleichtern.

Deshalb die geheimnisvollen Apfelgänge. Herr Leusing musste gewusst haben, dass ich seine Enkelin war. Hätte ich gewusst, dass ich meinen Großvater besuchte, wären diese Treffen anders verlaufen. Nach längerem Nachdenken erschien mir sonnenklar, wer die Gene des Obsthändlers erwischt hatte.

Meine Onkel Franz, Hans und mein Vater wurden im Sommer sofort braun, besaßen abstehende Ohren. Alle drei aßen gerne Äpfel. Ich besuchte den Obsthändler im Heim, in dem er jetzt lebte. Wir sprachen lange über meine Oma. Er liebte sie wirklich sehr. Aber ein gemeinsames Leben war ihnen nicht vergönnt.

Carmen Schmidt *lebt in Bremen. Sie hat Industriekauffrau gelernt, später Deutsch und Sport studiert. Bei ihrer Nebentätigkeit als Komparsin für diverse Film- und Fernsehproduktionen entdeckte sie ihre Liebe zum Krimi. Sie ist Mitglied im Bremer Krimistammtisch, veröffentlicht mit ihm jährlich Anthologien. Im Alleingang erhielt zwei Literaturauszeichnungen in einer anderen Sparte.*

Das Testament meiner Mutter

Wenn man mich nach einem Menschen mit ausgeprägtem Gerechtigkeitssinn gefragt hätte, wäre mir auf Anhieb das Beispiel meiner Mutter in den Sinn gekommen. Denn das gab es kein zweites Mal – jemanden, der sich in solchem Ausmaß bemühte, auch nicht den geringsten Anschein einer Benachteiligung einem ihrer Söhne gegenüber zu erwecken. Es war wohl anzunehmen, dass sie genau Buch geführt hat über jede Art einer Zuwendung, um nicht im Geringsten den Verdacht irgendwelcher Bevorzugung aufkommen zu lassen. Das war wie ein Lebensprinzip, dem sie sich verpflichtet fühlte, bis zu ihrem Tode und darüber hinaus, wie im Nachfolgenden berichtet werden soll.

Kaum dass sie gestorben, kam es zu einem großen Eklat unter den drei Brüdern, ihren Söhnen. Die Eröffnung des Testaments in der Notariatskanzlei war der völlig unerwartete Auslöser. Und das verhielt sich wie folgt:

Die Mutter gedachte, ihren Anteil am elterlichen Haus je zu einem Drittel an ihre Kinder weiterzuvererben, wogegen sicher nichts einzuwenden war. Aber nun gab es da noch ein nicht unbeträchtliches Barvermögen, das sie den Enkelkindern zukommen lassen wollte. Deklariert als Vermächtnis. Die Argumentation charakterisierte ihre Haltung und Einstellung: „Ihr habt alle euren guten Beruf und jeder sein Reihenhaus als Eigentum, aber die Kinder werden die finanzielle Zuwendung sicher noch gut gebrauchen können, denn sie gehen in eine ungesicherte Zukunft hinein!" Diesem Gedanken konnte wohl nichts Stichhaltiges entgegengesetzt werden.

Aber nun kam der große Aufschrei! Es handelte sich um sechs Enkelkinder, die in den Genuss der unerwarteten Geldsumme kommen sollten, je zu gleichem Anteil. Da der älteste Sohn nur ein Enkelkind hatte, der nächste zwei, der jüngste aber drei an der Zahl, war eine deutliche Ungleichheit entstanden, die der Erstgeborene als bittere Ungerechtigkeit empfand. Und dabei hatte es die Mutter doch so herzlich gut gemeint, indem sie jedes Enkelkind unterschiedslos in gleichem Umfang bedenken wollte.

Der älteste Bruder war außer sich und behielt sich vor, den Rechtsweg zu beschreiten, da er die Meinung vertrat, erbberechtigt seien die Söhne und keinesfalls die Enkelkinder. Ein Ausgleich müsse stattfinden. Der jüngste Sohn nun nahm sich die Sache so zu Herzen, dass er einen Weg suchte, die familiäre Tragödie in einen erträglichen Frieden umzuwandeln, und kam auf folgende Idee: jedem Bruder der gleiche Anteil, also ein Drittel. Das bedeutete Rückzahlung von einem Sechstel des Gesamtbetrags an den Ältesten. Damit war den eigenen drei Kindern ein empfindlicher Nachteil entstanden, den der Jüngste mit deren Einverständnis aus seinem Privatvermögen zum Ausgleich brachte. Trotz dieser verzweifelten Bemühung blieb die brüderliche Eintracht auch fernerhin empfindlich gestört, ungeachtet der Tatsache, dass sich der jüngste Sohn, um den Frieden zu erhalten, über den letzten Willen der Verstorbenen hinweggesetzt hatte.

Nun erhielt die ganze Geschichte noch völlig unerwartet einen Nebenschauplatz. Die Schwester der Mutter, also eine Tante, war auch der Auffassung gewesen, dass die Verstorbene ungerecht gehandelt hätte.

Bei einem Besuchsnachmittag empfand sie das Bedürfnis, einem anwesenden Notar den Fall vorzutragen, und schloss mit dem Fazit: „Gelt, Sie sind doch auch der Meinung, dass dies so nicht hätte sein dürfen?"

Die überraschende Antwort lautete: „Wieso? Ihre Schwester hat juristisch, auch wenn sie sich dessen vielleicht nicht bewusst war, einwandfrei gehandelt. Denn die in Frage stehende Geldsumme gilt nicht als Erbe, sondern als Vermächtnis, und darüber konnte sie frei entscheiden!"

Die Tante war wie aus allen Wolken gefallen, und da sie in der Zwischenzeit erfahren hatte, dass ihr jüngster Neffe aus freien Stücken den finanziellen Ausgleich herbeigeführt hatte, plagte sie ein eminent schlechtes Gewissen. Im Gerechtigkeitsempfinden ihrer Schwester ähnlich, war sie um Wiedergutmachung bemüht. Selbst nicht unvermögend, versuchte sie, die Kontonummer des Geschädigten in Erfahrung zu bringen, um einen Ausgleich des Ausgleichs herbeizuführen. Verletzt durch den unglücklichen Verlauf der Erbangelegenheit, verweigerte der jüngste Neffe aber trotz intensiven Bittens jede Auskunft, obwohl die Tante kurz vor ihrem Tod zu ihrer eigenen Entlastung unbedingt eine Wiedergutmachung herbeiführen wollte.

Eines Tages geschah dann, was an ein kleines neutestamentliches Wunder erinnerte: Der jüngste Bruder entdeckte auf seinem Bankkonto eine Überweisung, die in der Höhe des Betrags genau der Summe entsprach, die er dem Ältesten seinerzeit abgetreten hatte.

Die näheren Hintergründe dieses Ereignisses sind nie in Erfahrung gebracht worden. Wie auch immer: Jeder war letztendlich zur vollsten Zufriedenheit bedient worden. Der Versuch allerdings, mit bestem Vorsatz gerecht zu handeln, hatte durch diesen Vorfall eine deutlich spürbare Einbuße erlitten. Und ob es gelingen konnte, durch die erfolgten Ausgleichsbemühungen echte Wiedergutmachung zu leisten, mag dahingestellt bleiben.

Wolfgang Rinn, *geboren und aufgewachsen in Tübingen, ehemaliger Sonderschullehrer, schreibt uns veröffentlicht seit 1992 Gedichte in Lyrikbändchen, Beiträge in Anthologien, Zeitungen, Zeitschriften und im Internet. Lebt heute in Reutlingen.*

Ein kämpferischer Sopran

Lenis alte Nachbarin Margarita Platonowna klagte zum letzten Mal am 23. Februar 2022 über Schmerzen in den Beinen und am Herzen. Am 24. Februar desselben Jahres erholte sie sich davon ein für alle Mal. Beim ersten Alarm rief sie ihre Tochter Cleo in den USA an. Die Antwort war: „Mama, nichts zu machen, wir haben schon fünf Kinder." Margarita Platonowna ließ sich auf einen Sessel fallen und verstand rein gar nichts: Wie konnten plötzlich drei weitere Enkel auf der Welt auftauchen? „Was bedeutet das – fünf Kinder? Ich weiß nur von Wanja und Sascha …"

„Ich liste dir alle Mitglieder meiner Familie auf: Ivan, Alexander, Mickey, Daisy und Ascon", rezitierte Cleo.

„Also betrachtest du Hunde als Kinder … Ich aber stehe nicht auf der Familienliste …"

„Du hast meine drei Kinder Hunde genannt! Übrigens würde ich dir auch empfehlen, einen Hund zu adoptieren, um dich nicht über Einsamkeit zu beschweren!", platzte es aus Cleo heraus.

„Es reicht, dass ich bereits eine Hündin als Tochter habe", sagte Margarita Platonowna und legte auf. Die Schmerzen verschwanden im Nu! Sie begann, ohne zu stöhnen, in den sechsten Stock hinaufzusteigen, um Behältnisse mit Wasser oder Säcke mit humanitärer Hilfe mit ihren kranken Nachbarn zu teilen.

An dunklen Herbstabenden, zum Klang von Sirenen und explodierenden Raketen, legte Margarita Platonowna ihre (nunmehr bereits angepasste) Lebensphilosophie dar:

„Das Leben auf der Erde verliert seinen Sinn … aber nur dann, wenn wir ihm zu viel Bedeutung beimessen! So strebte ich lebenslang nach etwas, und das nur deshalb, weil ich jemandem oder etwas hinterherlief: Zuerst an den Wochenenden meiner Mutter, die rund um die Uhr in der Fabrik arbeitete und keine Zeit für mich hatte – sie brachte mich in den Kindergarten, als es noch dunkel war, und holte mich wieder ab, als es schon wieder dunkel wurde. Dann begann ich, dem Traummann nachzujagen – einem damals beliebten Künstler … Er wurde der Vater unserer geliebten Tochter Cleo, die wir zu Ehren unserer Muse benannten! Ich habe ihn erst kurz vor dem Krieg gesehen – ich werde nicht beschreiben, was aus ihm geworden ist … Wie konnte ich nur so verrückt nach ihm sein? Und als er mich wegen einer anderen Tussi verließ, füllte ich die ganze Wohnung mit Tränen – erst kürzlich wurde mir klar, wie viel Glück ich eigentlich habe: Es ist toll, eine verlassene Frau zu sein, so muss ich ihm nicht die Hosen waschen und ihn nicht ständig zur Besinnung bringen …"

„Es ist kaum zu glauben, dass er Sie verlassen hat – Sie sind immer eine wunderschöne Frau gewesen", sagte Leni.

„Mir wurde diese Ehre nicht zuteil. So sah ich den Mann, den ich einst abgöttisch liebte, wie einen Schluckspecht sturzbetrunken ...

„Hat er Sie erkannt?"

„Er würde sich nicht einmal selbst im Spiegel wiedererkennen! Ich erkannte ihn nur an seiner Stimme – ich sang in der Unterführung und hörte plötzlich einen Streit, als ich Geld aus einem Becher nahm, er trank in der Nähe mit seinen Freunden …"

„War es so schwer, dass Sie um Almosen betteln mussten? Wir wussten nichts ..."

„Ich habe vor mir selbst verheimlicht, wie schwer es für mich war – ich habe meine Armut mit zuvor aufgesparten Couture-Outfits vertuscht, ich bin zu U-Bahn-Unterführungen am anderen Ende von Kiew gerannt, wo man mich nicht kannte, um etwas Geld zu holen und es Cleo zu schicken … So wie in meiner Jugend, als ich zu meinen Konzerten in der UdSSR unterwegs war! Doch singe ich jetzt in der Unterführung und kann es mir erlauben, nicht der Popularität hinterherzujagen! Und ich muss Cleo nicht mehr hinterherlaufen – mir keine Sorgen machen und sie nicht ins Besenkammerl sperren, bis das Kindermädchen kommt, wie es in meiner Kindheit war: Meine Mutter raste um 7 Uhr morgens in die Fabrik, doch der Kindergarten öffnete erst um 8 Uhr … Und ich machte mir früher auch Sorgen, um Cleos Englisch zu verbessern, sie zum Tanzen und ins Malatelier zu schicken … und dass sie ein hübsches Kleid zum Abschluss haben würde, damit sie sich nicht schämen musste, Freunde in die Wohnung einzuladen – erinnerst du dich, wie ich immer die Tische für die Feiertage deckte, welche Gemälde aus Italien und welche Wandteppiche aus Holland ich hatte? Ich habe alles verkauft – damit ich Cleo Geld in die USA überweisen konnte und meine Enkel keine Not leiden mussten … Jetzt esse ich allein Schokolade – ja, früher war es für mich eine Sünde: Ich musste meinen Enkeln die köstlichste Schokolade der Welt aus unserer Fabrik in Sumy schicken! Und gestern habe ich gekauft, ... was glaubst du?

„Französisches Parfüm?"

„Ein wunderbares Shampoo – unsere Fabrik Zelena Apteka stellt es her, obwohl sie jetzt wegen des Beschusses in die Slowakei umgezogen ist".

„Sie haben wirklich eine wunderschöne Frisur ... Obwohl es seit zwei Tagen kein Wasser gibt ..."

„Ich glaube an unser Volk, wir werden nach den Bombardierungen alles wieder in Ordnung bringen! Gestern sprach unser Präsident in völliger Dunkelheit, aber heute beginnt das Licht wieder zu funktionieren. Und ich habe glücklicherweise ein Gemälde bestellt – genau dort, in der Nähe des Luftschutzbunkers, verkauft ein Künstler aus Tschernihiw meisterhaft gemalte Landschaften aus dem ukrainischen Kernland, er hat mir bereits ein Foto geschickt … Ich bereute nicht einmal mehr, dass ich die Wandteppiche verkauft habe. Offen gestanden, zum ersten Mal in meinem Leben fühlte ich mich glücklich. Selbst als der Popsänger, das Idol meiner Jugend, mir Aufmerksamkeit schenkte, selbst als ich zu Verabredungen zu ihm rannte, war ich nicht so glücklich wie jetzt in der Pause zwischen Raketen- und Drohnenangriffen – in diesen seligen, bisher nicht geschätzten Minuten der Stille bin ich bereit, die ganze Welt zu umarmen …"

„Oh, Sie sprechen genau so wie Daria Simonowna aus dem achten Stock ..."

„Ihr zuliebe hat der Herr unser Haus unversehrt bewahrt, als der ganze Block in Schutt und Asche bombardiert wurde … Der Allmächtige weiß, wie Darja Simonowna auf Krücken vom achten Stock die Treppe zur Kirche hinauf und dann nach oben geht … Wir beide sind völlig verschiedene Frauen – sie hat ihr ganzes Leben lang auf Baustellen und in der Kolchose gearbeitet, ich habe am Konservatorium und in der Philharmonie gesungen. Darja Simonowna hingegen lebte nur für ihre Kinder: Jedes Jahr lud sie sie in ihr Dorfhaus ein, gab ihnen frische Milch, kochte Putenschnitzel mit selbst gezogenen Kartoffeln nach Bauernart und ließ sie nie mit leeren Händen – und schon gar nicht mit leeren Taschen! – zurück nach Hause fahren. Na und? Sie wurde schon vor dem Krieg in einem anderen Teilzeitjob eingesetzt – sie wurde für Reparaturen angestellt und stürzte die Treppe hinunter. Im April 2022 reiste sie zu ihren Kindern nach Weißrussland und machte dabei einen Umweg über zwei Grenzen – zuerst stand sie in Polen mit Flüchtlingen in einer Schlange und dann von Polen nach Weißrussland ... Vor Kurzem kehrte sie in der Kälte, unter Artilleriebeschuss und in der Dunkelheit zu uns zurück, weil sie dort eine Glatze bekommen und innerhalb von sechs Monaten die Hälfte ihres Gewichts verloren hatte. Schließlich kam sie zu folgendem Schluss: Jetzt vermache ich meine Wohnung dem Kloster der Schwestern in Kiew, das mich jeden Tag ernährt, sich um mich kümmert und keinen einzigen Pfennig von mir genommen hat! Leni, wenn du Angst vor Drohnenangriffen im elften Stock hast, komm öfter zu mir – du wirst mir einen wunderbaren französischen Kaffee kochen und ich werde meine typischen Kürbismuffins backen – jede Ukrainerin muss mindestens drei Kürbisgerichte kochen können: Für mich sind es Muffins, Suppe und Pfannkuchen ..."

„Ich lese nachts immer die Bibel, wenn ich die Alarmsirene höre, also werde ich wahrscheinlich nicht kommen", murmelte Leni.

„Super! Wenn du nichts dagegen hast, könnte ich dazu Messgesänge singen", gab Margarita Platonowna nicht auf.

„Wie?" Leni war verblüfft über das schmeichelhafte Angebot.

„Es ist ganz einfach: Hast du nicht vergessen, wie viele Jahrzehnte ich am Konservatorium unterrichtet habe? Ich werde nachts nicht zum Luftschutzbunker rennen können – ich versuche, realistisch zu denken, vor allem, weil ich mir bereits geschworen habe, nie wieder in meinem Leben zu rennen, nicht einmal zu einem Luftschutzbunker. Denken bedeutet nicht bloß, eigene Gedanken im Kopf zu tragen, sondern auch etwas anderes: Es ist die Fähigkeit, andere Gedanken zu analysieren, die meinen eigenen entgegengesetzt sind, und man wird in diesem Fall nie einen Fehler begehen! Die Hauptsache ist immer zu wissen, wo der Ausgang ist, sich zwischen zwei Wänden zu verstecken, wie Experten uns empfehlen: So hat man eine bessere Überlebenschance, und nicht nur unter Beschuss!"

Wie oft musste Margarita Platonowna in Luftschutzbunkern

Weihnachtslieder und Hymnen singen, während auf der Straße (einer leeren, dunklen Straße!) Explosionen zu hören waren, die die professionelle Sängerin immer übertönte!

Mary Nikolska *wurde 1976 in Kiew geboren. Sie schloss ihr Studium an der Kiewer Nationaluniversität mit Auszeichnung ab. Übersetzt in Versen („Max Musterman und Lieschen Müller" von Franziska Bauer, auch viele griechische Lieder), schreibt auch eigene Gedichte (Lyriksammlung „Auf des Windes Schwingen" und „Durch Jahr und Tag", „dona nobis pacem" und Prosa („Wir werden nie getrennt sein!")*

Rouladen, Ruhm und Rebellion

„Birte, es ist mir völlig schnuppe, ob du dreißig oder dreihundert Follower hast – wenn du jetzt nicht den Tisch deckst, gibts Follower-Entzug!“ Ralf Brinkmann kämpfte mit der Fernbedienung, während seine sechzehnjährige Tochter theatralisch die Augen verdrehte.

„Papa, du hast keine Ahnung, wie wichtig das ist!“ Birte tippte weiter auf ihrem Smartphone herum. „Sara hat gestern zweihundert neue Follower bekommen, nur weil sie ein Video von ihrem dämlichen Hamster gepostet hat. Einem Hamster!“

Nico, ihr vierzehnjähriger Bruder, sah nicht einmal von seinem Handy auf. „Wenigstens hat sie überhaupt Follower.“

„So’n Firlefanz!“ Oma Herta saß am Küchentisch und häkelte an etwas, das vermutlich ein Topflappen werden sollte. Ihre silbernen Locken waren zu einem ordentlichen Dutt hochgesteckt, ihre Brille hing an einer Kette um ihren Hals. Sie trug ihre blümchenbedruckte Kittelschürze – das perfekte Bild einer deutschen Großmutter. „Zu meiner Zeit haben wir noch richtige Hobbys gehabt.“

Ralf nickte zustimmend. „Danke, Mama. Endlich mal jemand mit Verstand in diesem Haus.“

Herta lächelte nur mild und sah auf die Uhr. „Meine Güte, schon so spät! Der Häkelklub wartet nicht.“ Sie wickelte ihren Topflappen zusammen und steckte ihn in ihre ausladende Handtasche zusammen mit ihrem Smartphone, dem neuesten iPhone-Modell, das Ralf ihr zu Weihnachten geschenkt hatte, damit sie mit der Familie in Kontakt bleiben konnte.

„Bis heute Abend, meine Lieben!“ Sie winkte und verschwand durch die Tür.

Niemand in der Familie wusste, dass Herta nicht nur Oma war – sondern WürzigeWally, Tiktok-Star mit mehr Fans als alle Kardashians zusammen (zumindest gefühlt).

Sobald Herta die Tür zu ihrer kleinen Senioren-Wohnanlage hinter sich geschlossen hatte, verwandelte sich ihr Gang. Der leichte Großmutter-Schlurfer wich einem energischen Schritt. Sie stellte ihre Tasche ab, zog ihr Smartphone hervor und überprüfte ihre neuesten Zahlen: 2,4 Millionen Follower. Das letzte Video – *Sauerbraten wie früher, aber mit Gin statt Essig* – hatte bereits zwölf Millionen Aufrufe.

„Na, da werden wir heute noch einen draufsetzen", murmelte sie, während sie ihr kleines Wohnzimmer in ein Filmstudio verwandelte. Der Ringlichter-Ständer kam aus dem Wandschrank, die Kamera wurde auf dem speziellen Stativ montiert, und die Küchenschürze wurde gegen ein flammendes Rot mit der Aufschrift *Too hot to handle* ausgetauscht.

„Moin, meine Schnuckis!" Herta – nein, WürzigeWally – strahlte in die Kamera. „Heute probieren wir was ganz Wildes: Wurstwasser-Schnaps-Tasting! Mein Enkel sagt immer, seine Generation erfindet die verrücktesten Trends, aber wartet nur ab, was diese alte Schachtel sich ausgedacht hat!"

Zwei Stunden später hatte sie sechs verschiedene selbst gemachte Spirituosen verkostet – von Leberwurst-Likör bis Mettwurst-Mojito. Die Kommentare explodierten:

OMG SIE HAT DAS WIRKLICH GETRUNKEN.
WürzigeWally ist härter als mein Ex.
Kann ich dich adoptieren, Oma???

Der Familienfrieden brach drei Tage später zusammen, als Nico in der Schule plötzlich von allen Seiten angesprochen wurde.

„Hey, bist du nicht der Enkel von WürzigeWally? Sie hat dich in ihrem Video erwähnt!"

„Deine Oma ist so cool!"

„Kann sie mir beibringen, wie man Leberwurstschnaps macht?"

Zu Hause angekommen, stürmte er ins Wohnzimmer, wo Ralf wieder mit der Fernbedienung kämpfte.

„Papa! Oma ist im Internet!"

Ralf schnaubte. „Natürlich ist sie das. Ich habe ihr ja das Smartphone gekauft."

„Nein, du verstehst nicht! Sie ist ... berühmt!"

In diesem Moment kam Birte hereingestürmt, das Gesicht rot vor Aufregung und Wut.

„Das ist nicht fair! Oma hat MILLIONEN von Followern! MILLIONEN! Wie kann sie mehr Likes haben als ich?!"

Ralf legte die Fernbedienung weg. „Was redet ihr da?"

Birte hielt ihm ihr Handy unter die Nase. Dort tanzte Oma Herta in ihrer Küche, schwenkte eine Flasche selbst gemachten Schnaps und erklärte, wie man richtig derbe Würze in sein Leben bringt.

„Das muss ein Fake sein", stammelte Ralf. „Oder sie wurde gehackt. Das ist doch ... das ist doch ..."

Die Haustür öffnete sich und Herta trat ein, immer noch in ihrer Blümchenschürze und mit dem unschuldigen Großmutterlächeln.

„Schön wars beim Häkelklub", flötete sie.

„HÄKELKLUB?!" Birte sprang auf. „Du warst auf Tiktok! Du bist WürzigeWally!"

Hertas Lächeln verrutschte nur für einen kurzen Moment. Dann zuckte sie mit den Schultern und ließ sich in ihren Sessel fallen. „Na und? Eine alte Frau braucht doch auch mal ein bisschen Spaß."

Ralf schnappte nach Luft. „Mama, ich glaube, wir müssen über deine Internetnutzung reden. Vielleicht sollte ich dein Smartphone ..."

„Wag es ja nicht, Jungchen", unterbrach Herta ihn mit funkelnden Augen. „Ich hab mehr Passwörter als du Haare am Kopf. Und ...", sie lächelte süffisant, „mehr Follower als ihr alle zusammen."

Was als Familienkrise begann, eskalierte innerhalb einer Woche zu einem medialen Showdown. Herta startete die #RouladenRevenge-Challenge und lud ihre Familie ein, mitzumachen.

Während Birte zwischen Eifersucht und Bewunderung schwankte, hatte Nico längst die Seiten gewechselt. Er wurde Omas offizieller Kameramann und stellte ihre Beleuchtung ein.

„Einmal im Leben bin ich cool in der Schule – und das wegen meiner Oma", murmelte er, während er die Ringlichter justierte.

Der Höhepunkt war ein Live-Duell zwischen Birte und Oma: Wer konnte die besseren Rouladen machen – traditionell oder mit modernem Twist?

Herta, in ihrer feuerroten Schürze, zwinkerte in die Kamera: „Heute zeige ich euch, wie man Rouladen macht, die so saftig sind, dass eure Geschmacksknospen Breakdance tanzen!"

Die Kommentare überschlugen sich:

TEAM WÜRZIGE WALLY!"
Die Enkelin hat keine Chance!
Seniorenpower!!!

Birte, die anfangs noch schmollte, fand schnell Gefallen an der Aufmerksamkeit. Ihr eigener Account wuchs stündlich.

Ralf stand kopfschüttelnd in der Ecke der Küche. „Das Internet spinnt schon wieder – oder du, Mama?"

„Ach, Ralfi", lachte Herta und schwenkte ihre Bratpfanne wie ein Profi, „wenn du nicht mit der Zeit gehst, gehst du mit der Zeit."

Einen Monat später hatte sich die Familie Brinkmann neu arrangiert. Herta durfte weiter streamen, unter der Bedingung, dass sie keine peinlichen Reels über Nicos Liebesleben machte. Birte hatte inzwischen selbst hunderttausend Follower und eine Kooperation mit einem Gewürzunternehmen – dank Omas Empfehlung.

Selbst Ralf hatte sich damit abgefunden, dass seine Mutter die unwahrscheinlichste Internet-Sensation des Jahres war. Er hatte sogar seine eigene kleine Fangemeinde, die seine verzweifelten Versuche, die Technik zu verstehen, absolut hinreißend fand.

Bei Hertas nächstem Live-Stream saß die ganze Familie am Tisch. Dank eines neuen Routers – gekauft von Hertas erstem Werbevertrag – gab es keine WLAN-Probleme mehr.

„Und denkt daran, meine Schnuckis", sagte Herta in die Kamera, während sie ihrem Enkel zuzwinkerte, „WLAN ist wie Liebe – wenn man's richtig einstellt, reicht es für alle." Dann hob sie ihr Glas Leberwurstlikör und prostete ihren Millionen Followern zu. Im Hintergrund verdrehte Birte die Augen – aber diesmal mit einem Lächeln.

Roswitha Böhm *erzählt mit Herz, schreibt mit Seele und malt mit einem Augenzwinkern. Ihre Geschichten überraschen, berühren – und bringen nicht selten ein Lächeln aufs Gesicht. Als Autorin, Künstlerin und kreative Weltverschönerin vereint sie Fantasie mit Tiefgang, Humor mit Haltung und Kunst mit einer ordentlichen Portion Persönlichkeit. Unter ihrem Herzensprojekt Gedankenteiler schreibt sie nicht nur seit über 13 Jahren auf www.gedankenteiler.de, sondern gestaltet auch handgemachte Unikate, die zeigen: „Die Welt muss bunter werden!" Kreatives & Kurioses gibts im Shop: www.kasuwa.de/shop/gedankenteiler.*

Totenstille

Totenstille herrscht.

Sogar Melli hat aufgehört, mit der Zunge durch die schwarzen Fugen der ockerfarbenen Bodenfliesen zu schlecken. Ich bin mir allerdings nicht ganz sicher, warum. Es wird nicht der Unheil bringende Satz gewesen sein, den Tante Uta gerade laut hörbar für alle ausgesprochen hat. Wahrscheinlicher ist, dass Melli ein paar Zuckerstreusel vom Butterkuchen auf dem Boden gefunden hat und jetzt unter einem Tisch sitzt und genüsslich darauf herumkaut, weil sie sonst keine Süßigkeiten bekommt. Eigentlich ist es mir auch gänzlich egal. Ist schließlich nicht meine Vierjährige, um die ich mich kümmern muss. Sie gehört nicht einmal zum direkten Teil meiner Verwandtschaft, sondern zum Anhang von Onkel Michael.

Ich lasse meinen Blick über die Gäste schweifen, die sich zum traurigen Anlass des Tages in festlich schwarze Kleidung geworfen und im Saal des Dorfkrugs versammelt haben. Mehrere Tische sind zu einem großen U zusammengeschoben worden. Die guten weißen Tischdecken verdecken die Brandlöcher von Generationen von Rauchern, die hier schon beim Bierchen Weltpolitik und Sport diskutiert haben und ihre Entscheidungen mit einem Korn besiegelten. An dieser Art von dörflicher Politik sollten sich bezahlte Politiker der Welt ein Beispiel nehmen. Nichts, was man nicht mit einem Bier und Schnaps besprechen und regeln könnte.

„Bevor die Mitsänger des Gemeindechores und die Damen der Frauenhilfe zu unserer Familie stoßen, möchte ich also Muttis letzten Willen vorlesen."

An einen letzten Willen hat wohl niemand gedacht. Für die ganze angereiste Großfamilie war offensichtlich klar, dass Oma Hildes Kinder Uta und Holger jeweils die Hälfte des Vermögens bekommen, sie sich um das Haus streiten können und sonstige Kleinteile unter den Enkeln aufgeteilt werden.

„Die alte Trompete von Opa bekommt der Sven. Die Brockhaussammlung bekommt der Kai. Sybille bekommt die Nähmaschine und Carsten das alte Mofa."

Das war schon klar, seitdem ich denken kann. Sven und Carsten sind die Kinder von Tante Uta, Holger ist mein Vater und Kai ist der Sohn von Onkel Michael aus erster Ehe. Die Erbstücke sind wahrlich keine Reichtümer, aber wir wussten von Anfang an, dass diese persönlichen Schätze nur für uns reserviert wurden und sie uns auch aus irgendwelchen sentimentalen Gründen nicht genommen würden. Wir vier Enkel waren also ganz entspannt und relativ zufrieden mit unserem Erbe.

„Ui, jetzt wird es spannend!", raunt Carsten mir verheißungsvoll zu. „Eigentlich bin ich nur hier, um mir dieses Schauspiel zu geben. Oma Hilde war schon zu Lebzeiten eher unkonventionell. Sie hat bestimmt einen Knaller geplant."

Unkonventionell? Ich drehe mich zu Carsten und schaue in blaue Augen, die vor Vorfreude leuchten.

Er nimmt sein Glas, prostet mir zu und flüstert: „Ach komm, Sybille, gib zu, dass du dich auch darauf freust."

Ich nehme meine Apfelschorle in die Hand, stoße mit ihm an. Wir nehmen einen großen Schluck, stellen die Gläser ab.

Meine Tante und mein Vater sitzen in der Mitte der kurzen Tischseite. Neben ihnen sitzen Mama und Onkel Michael. Fast wie bei einer Hochzeit, allerdings hat das Brautpaar hier nicht den Vorsitz, sondern Oma Hildes Kinder beim Leichenschmaus. Neben unseren Eltern säßen eigentlich wir Enkel, aber aus alter Tradition haben wir vier es uns angewöhnt, nach dem Essen zu verschwinden. Früher saßen wir an Katzentischen und waren bei den Erwachsenen gar nicht gewünscht.

Eines Tages, als Carsten in die Pubertät kam und mit uns jüngeren Kindern immer noch am Kindertisch sitzen sollte, hat Oma Hilde eingegriffen. „Bevor der Junge nicht mehr mitkommt, überlege ich mir etwas Überzeugendes."

Als ich dann Konfirmation hatte, wurde dieses Überzeugende das erste Mal umgesetzt. Am Katzentisch gab es plötzlich anderes Essen. Oft gab es Pommes und Bratwurstschnecken oder Spaghetti oder Oma Hildes beliebte Käseschnitzel. Mit den Jahren konnten sich Carsten und Kai heimlich nach draußen schleichen und hinter der Ecke eine Zigarette rauchen.

Jetzt sind wir in den 40ern und bestehen immer noch auf den Katzentisch. Häufig ist es ein Stehtisch neben der Bar, an dem wir uns nach dem Essen treffen. Sven bringt eine neue Freundin mit, Carstens Mann Manni genießt die Zeit am Erwachsenentisch und leistet uns nur gelegentlich Gesellschaft, und mein Robert kennt unsere Tradition und kümmert sich um unsere Kinder.

„Habe ich schon etwas verpasst?“ Schnaufend gesellt sich Kai zu uns. Er hat Lena zu ihrer Mutter gebracht. Die Trennung ist jetzt schon ein paar Monate her und eigentlich läuft es hervorragend zwischen ihnen. Die Absprachen werden von beiden Parteien eingehalten, es gibt keinen Streit und Lena scheint auch ganz zufrieden zu sein.

„Nein, du kommst gerade richtig.“

Sven und seine aktuelle Freundin schlendern zu uns. Wie die Brünette in seinem Arm heißt, habe ich schon wieder vergessen. Etwas mit B am Anfang? Birthe? Biene? Bella?

„Carsten, rutsch mal, damit Sven und Ella hier auch eine gute Sicht auf unsere Sippe haben.“ Kai drängt Carsten ein wenig zur Seite.

„Hm“, denke ich, „etwas mit B also.“ Ich muss grinsen.

„Jetzt mach es doch nicht so spannend!“ Unsere Köpfe drehen sich in Richtung der Stimme. Onkel Ferdi stützt sich auf den Tisch. „Das hast du immer schon gut gekonnt, Uta.“

Tante Eva stößt ihrem Mann unsanft in die Seite. Der setzt sich wieder und spricht dabei ein wenig leise: „Ist doch wahr.“

Tante Eva ist das so peinlich, dass sie sofort in ein peinliches Kichern verfällt. „Aber recht hat er, der Ferdi. Was ist denn jetzt?“

„Oh, Onkel Klaus schaltet sich ein, jetzt geht es los“, flüstert Carsten.

„Ich bitte um etwas Ruhe.“ Pastor Schacher meldet sich zu Wort. Pastor Schacher und Oma Hilde waren Freunde aus Kindertagen. In der Gemeinde wird immer noch getuschelt, ob Oma und der alte Geistliche einmal ein Verhältnis hatten. Als Opa Alfred starb und ein paar Jahre später die alte Pfarrfrau, wurde das Getuschel im Dorf wieder lauter. Beweise gab es nie.

„Wir sind einfach Freunde“, hat Oma immer gesagt und leise vor sich hin gelächelt.

„Ich habe hier einen Brief für euch, den Hilde mir vor wenigen Wochen gegeben hat. Uta, ich gebe ihn dir. Lies ihn einfach vor.“ Tante

Uta nimmt den großen Umschlag mit leicht zitternden Händen an. Ungeschickt reißt sie ihn auf. Heraus fällt ein kleiner Schlüssel. Das leise Klimpern, als der Schlüssel aufschlägt, ist im großen Saal des Dorfkrugs zu hören. Kurz danach ein leichtes Stöhnen. Melli hat auf dem Weg zu diesem Geräusch unter dem Tisch wohl das Schienbein von Onkel Klaus getroffen.

„Kann sich nicht mal jemand um dieses Kind kümmern?"

„Was soll das denn heißen? Melli ist eine aufgeweckte Persönlichkeit. Sie will nur ein bisschen Bewegung. Außerdem stört sie doch niemanden!"

„Streitet euch nicht! Wir könnten mal zur Beruhigung ein Lied singen", sagt Onkel Ewald. Onkel Ewald – ebenso wie alle anderen Onkel und Tanten mit unklaren verwandtschaftlichen Verhältnissen – singt immer. Egal zu welchem Anlass. Und schon stimmt er *Nehmt Abschied Brüder* an. Mehrere Familienmitglieder stimmen ein. Ein Aufschrei ertönt.

Mein Vater hält sich den Daumen. „Ich wollte doch nur den Schlüssel aufheben. Sie hat mich gebissen!"

„Oh, sind wir zu früh?" Frau Proschek, Vorsitzende der Frauenhilfe, steckt ihren Kopf zur Tür herein.

Tante Utas Stimme geht in dem Chaos unter, als sie vorliest: „Dieser Schlüssel gehört zum Schließfach 078. Dort liegen meine Tagebücher. Ich weiß alles. Entscheidet weise!"

***Tanja Grauenhorst** ist ein Kind der 70er. Sie lebt und arbeitet mit ihrem Mann und der erwachsenen Tochter in Ostwestfalen und schreibt an ihrem ersten historischen Roman über Paderborn.*

Das Alien der Familie

Der Türknauf fühlte sich unter meinen zögerlichen Fingern kühl an. Ein tiefer Atemzug. „Los jetzt", sagte ich mir innerlich. Es war ja nicht so, als würde ich eine Zahnarztpraxis betreten. Nur einen Raum voller Menschen, die genetisch mit mir verwandt waren und mich dennoch regelmäßig dazu brachten, meine Lebensentscheidungen zu hinterfragen.

Drinnen, in dem warmen Duft von Braten, Zimt und unausgesprochenen Urteilen, tobte bereits das alljährliche Familienchaos. Onkel Herbert erzählte wieder dieselbe Anekdote über seinen Fast-Schlaganfall beim Golfen, während Tante Helga die Kräusel auf ihrer Dauerwelle neu ordnete.

Ein Déjà-vu der schlimmsten Sorte.

Ich schloss kurz die Augen. „Konzentrier dich", mahnte ich mich. „Denk an Tante Clara."

Und schon war ich wieder zurück, in einem anderen Garten, an einem anderen Sommertag. Ich, vielleicht sieben oder acht Jahre alt, kniete im Blumenbeet und versuchte vergeblich, eine Sonnenblume zu überreden, gerade zu wachsen. Die anderen Kinder spielten Fangen oder stritten sich um irgendetwas Bedeutungsloses. Ich hatte nie wirklich dazugehört.

„Was machst du denn da?", hörte ich eine sanfte Stimme.

Ich blickte auf und sah Tante Clara. Ihre Haare waren zu einem chaotischen Knoten auf dem Kopf zusammengebunden, ein paar Strähnen fielen ihr ins Gesicht. Sie trug ein geblümtes Kleid, das eindeutig schon bessere Tage gesehen hatte, und ihre Füße steckten in alten Gummistiefeln. Die Erwachsenen tuschelten immer, Clara sei ein bisschen komisch. Aber für mich war sie das absolute Gegenteil von langweilig.

„Ich versuche, diese Sonnenblume geradezubiegen", erklärte ich frustriert.

Clara lächelte mich an. „Manchmal muss man die Dinge einfach so akzeptieren, wie sie sind. Vielleicht ist die Blume ja gerne schief und will nicht gerade sein", sagte sie. Dann setzte sie sich neben mich ins Beet und begann, mit ihren Fingern in der Erde zu wühlen. „Weißt du, was diese Blume wirklich braucht? ... Freunde."

Und so verbrachten wir den Nachmittag damit, Blumen um die Sonnenblume zu pflanzen, bis wir beide von Kopf bis Fuß mit Erde bedeckt waren.

Ein anderes Bild blitzte in meinen Gedanken auf: Clara, die mich und meine Cousins in der Küche beim Verzieren von Weihnachtsplätzchen helfen ließ. Wir durften die Glasur mit den Fingern auftragen und Tonnen von Streuseln verwenden. Der Tisch war ein Schlachtfeld aus Zucker und künstlichen Farbstoffen, aber Clara strahlte, als wir unsere Meisterwerke präsentierten.

„Perfekt!", rief sie jedes Mal, egal wie krumm und schief die Plätzchen aussahen. „Ein Kunstwerk!"

Die anderen Mütter schüttelten nur die Köpfe und murmelten etwas von „Verwöhnung" und „fehlender Disziplin". Aber Clara ignorierte sie einfach. Sie wusste, wie wichtig Kreativität und Spaß für Kinder waren. Und dass manche sinnlosen Regeln nur dafür da waren, um ignoriert zu werden.

Doch die Erinnerungen wurden sogleich von der Realität durchbrochen.

„Ah, da ist ja unsere Lisa!", rief Tante Helga mit ihrer schrillen Stimme. „Komm, Schätzchen, lass dich anschauen."

Ich unterdrückte ein Seufzen und ging auf sie zu. Helga musterte mich von oben bis unten, ihr Blick blieb an meinen bunten Haaren und dem ausgefallenen Kleid hängen. „Immer noch so ... kreativ, wie ich sehe", sagte sie mit einem Lächeln, das nicht ganz ihre Augen erreichte.

Früher hätte mich ein solcher Kommentar verunsichert. Ich hätte mich klein gefühlt, anders, falsch. Aber jetzt? Ich lächelte nur und sagte: „Danke, Tante Helga. Das Leben ist zu kurz für langweilige Kleidung, findest du nicht?"

Helga blinzelte überrascht, dann lachte sie unsicher.

Ich drehte mich um und blickte in das strahlende Gesicht meiner fünfjährigen Nichte Emma. „Tante Lisa!", rief sie begeistert. „Kommst du mit uns spielen? Bitte, bitte!"

Ohne zu zögern, ließ ich mich von ihr in den Garten ziehen. Dort warteten schon die anderen Kinder, ihre Augen leuchtend vor Vorfreude. „Was machen wir?“, fragte ich.

„Wir wollen eine Schatzkarte malen!“, rief der kleine Max.

„Und dann einen echten Schatz verstecken!“, ergänzte Emma.

Ich grinste. „Das klingt nach einem perfekten Plan.

Die Kinder jubelten – und schon waren wir mitten in unserem Abenteuer. Wir krabbelten durch das Gras und erschufen eine riesige Karte im Garten. Aus dem Augenwinkel sah ich, wie einige der Erwachsenen uns durch das Fenster beobachteten. Ich konnte ihre Blicke fast hören:

„Typisch Lisa, immer noch so kindisch.“

„Sie sollte langsam erwachsen werden.“

„Kein Wunder, dass sie noch nicht verheiratet ist.“

Aber es störte mich nicht mehr. Ich wusste, dass ich genau da war, wo ich sein sollte. Ich war die Tante, die ich als Kind so dringend gebraucht hatte. Die, die zeigte, dass es okay war, anders zu sein. Die, die Fantasie und Kreativität förderte, statt sie zu unterdrücken.

Als wir später, verschwitzt und dreckig, aber überglücklich, wieder ins Haus kamen, hörte ich Tante Helga zu meiner Mutter sagen: „Wirklich, Lisa ist ja ganz wie Clara damals. Ein bisschen ... exzentrisch, aber die Kinder lieben sie.“

Meine Mutter seufzte nur, aber ich sah den Hauch eines Lächelns um ihre Mundwinkel. „Ja“, sagte sie leise, „das tun sie wirklich.“

In diesem Moment wurde mir klar, dass ich vielleicht nie die *normale* Nichte oder Cousine sein würde, die meine Familie sich wünschte. Aber ich war die Tante, die diese Kinder brauchten. Und das war mehr als genug.

Als ich den Kindern in die Küche folgte – wir wollten Kekse backen, natürlich mit extra viel Deko – konnte ich fühlen, wie sich die Atmosphäre im Raum verändert hatte.

Die Blicke der anderen – sie waren nicht mehr voller Missbilligung. Vielmehr zeigten sie Wertschätzung. Ich war nicht mehr das schwarze Schaf der Familie. Ich war die geliebte, etwas verrückte Tante, die den Kindern zeigte, dass es okay war, anders zu sein.

Als ich wenig später in der Küche stand, zwischen den lachenden Kindern und inmitten eines Chaos’ aus Mehl und Zuckerguss, dachte ich an Tante Clara. Ich fragte mich, ob sie damals auch diesen Moment der Erkenntnis hatte. Ob sie wusste, wie wichtig sie für uns

Kinder war, wie sehr sie unser Leben bereicherte. Ob auch sie Anerkennung von Erwachsenen erhalten hatte.

Emma zupfte an meinem Kleid. „Tante Lisa“, sagte sie mit großen Augen, „können wir die Kekse auch grün machen? Grün wie Alienschleim?“

Ich lachte und umarmte sie spontan. „Natürlich können wir das! Lass uns auch noch ein paar blaue machen. Für Meerjungfrauen-Schuppen.“

Während wir unsere fantastischen Kekse backten, wurde mir klar, dass ich endlich meinen Platz in dieser Familie gefunden hatte. Ich war nicht mehr das Kind, das sich fehl am Platz fühlte, sondern die Erwachsene, die anderen Kindern half, sich akzeptiert und geliebt zu fühlen.

Tante Clara hatte mir beigebracht, dass es in Ordnung war, anders zu sein. Jetzt gab ich diese Lektion weiter. Und vielleicht, dachte ich, während ich Emma half, grüne Zuckerguss-Alienschleimspuren auf die Kekse zu malen, war das die wahre Bedeutung von Familie. Nicht Perfektion oder Konformität, sondern bedingungslose Akzeptanz und die Freiheit, man selbst zu sein.

Als wir später unsere kunstvoll dekorierten Kekse präsentierten – eine bunte Mischung aus Alienschleim, Meerjungfrauenschuppen und was auch immer die Kinder sich noch ausgedacht hatten – sah ich in den Gesichtern meiner Verwandten eine neue Art von Verständnis. Und ich wusste, dass ich genau richtig war.

Eine Katastrophe?

Vielleicht.

Aber eine, die diese Familie dringend brauchte.

***Barbara Korp** ist eine junge Autorin mit einem Hintergrund in klassischer Linguistik und Germanistik. Neben ihrer Erfahrung im Verfassen von wissenschaftlichen Publikationen und Blogbeiträgen verfügt sie über eine ausgeprägte Beobachtungsgabe und ein tiefes Interesse an menschlichen Geschichten, die sie in ihre schriftstellerische Arbeit einbringt. Wenn sie nicht schreibt, verbringt Barbara Zeit mit ihrem jungen Hund, der der Einzige ist, der sie beim Schreiben stören darf – oft mit seinem Schnarchen, das eine unerwartete, aber willkommene Ablenkung darstellt.*

Besuch für Maximilian

Gekommen waren zu Besuch Verwandte
ins Haus zum kleinen Maximilian,
den Opa Max, doch Oma Mäxchen nannte,
da ihr besonders er es angetan.

„Wir würden gerne öfter euch besuchen,
wenn ihr nicht wohnen würdet so weit weg“,
erklärte Oma bei Kaffee und Kuchen,
indes im Tischtuch noch ein Soßenfleck.

Doch ließ sich niemand davon recht verdrießen
an jenem ganz privaten Feiertag.
Und sie sich Omas Backwerk schmecken ließen,
das aufgeteilt auf Mamas Tellern lag.

Und während noch so vieles zu bereden,
da vorgerückt noch gar nicht weit die Stund’,
verdrückten, weil erfreut dies halt nicht jeden,
sich Max und Opa aus des Kränzchens Rund.

Und da der alte Herr sich int’ressierte,
wie er gestand, für Spielzeug aller Art,
sein Enkelsohn ihn in sein Zimmer führte,
worin die Schätze offen aufbewahrt.

Und Maximilian fast täglich spielte
mit manchem davon. Manches ließ ihn kalt.
’s bracht’ halt die Zeit mit sich, dass er sich fühlte
für ein’ge Sachen einfach schon zu alt.

Dass nun sein Opa, der doch recht betagte,
an all dem Kinderkram Gefallen fand,
erstaunte Maximilian. Doch fragte
nicht weiter nach er, da er's fast verstand.

Am Festtagstisch bei Oma es inzwischen
nicht gar so vieles mehr zu sagen gab.
Und da vor allem nichts mehr aufzutischen,
war an der Mama es, zu räumen ab.

Indes mal nach den andern schauen wollte
die Oma, die in Mäxchens Zimmer trat,
wo nur den Opa vor sie finden sollte,
der solche Störungen sich gern verbat.

Er sprach: „Du siehst doch, dass ich grad' beschäftigt.
Wo Max ist, weiß ich nicht. Ich sitz' hier fest.
Hab' nicht geseh'n ihn mehr, seit er bekräftigt,
dass er mich auch mal damit spielen lässt."

Drauf suchte Oma in den andren Stuben
nach ihrem Lieblingsenkel ziemlich lang
und fand ihn draußen bei den Nachbarsbuben,
wo er mit Opas Gehstock lief und sprang.

Und als sie rief: „Was machst du denn für Sachen?",
erwiderte ihr Maximilian,
dem grad' so richtig Spaß es schien zu machen:
„Dafür hat Opa meine Eisenbahn."

's stand Oma sprachlos kurz, nachdem's vernommen.
„Da sieht man, dass verwandt die beiden sind",
bemerkte Mama, die dazugekommen,
„dein Enkelsöhnchen und dein großes Kind."

Wolfgang Rödig *lebt in Mitterfels. Er hat bislang mehr als 900 belletristische Kurztexte in Anthologien, Literaturzeitschriften, Tageszeitungen, Magazinen und Kalendern sowie Gedichtbände.*

Der rote Tanzstein

Kleine Brüder sind nervig. Besonders, wenn sie gerade fünf Jahre alt geworden sind. Da bin ich mit meinen neun Jahren doch deutlich erwachsener. Meine Großeltern sind dennoch der Meinung, auch mein Bruder Markus sei schon alt genug, um einen Ausflug an den Rhein bei Neuss genießen zu können. Zur Strafe muss Opa jetzt alle fünf Minuten anhalten, da Markus Autofahren nicht verträgt und zum Frühstück viel zu viel gegessen hat. Dennoch glaubt mir noch immer niemand, dass wir ihn lieber zu Hause gelassen hätten.

Wenn man alle fünf Minuten anhält, braucht man von Grevenbroich nach Neuss eine gute halbe Stunde und für den Weg zum Rhein noch mal genauso lange. Als Opa den Wagen geparkt hat, springt Markus hinaus und verkündet, er habe einen Bärenhunger, aber Mami ist sich nicht ganz sicher, ob Kekse jetzt wirklich eine gute Idee sind. Vorsichtshalber gibt sie auch mir keine, damit Markus nicht neidisch werden kann. Stattdessen gehen wir vom Parkplatz hinunter zum Rheinufer.

Dort zeigt Opa Papi, wie das funktioniert mit den Steinen, die ganz oft über die Wasseroberfläche hüpfen, bevor sie untergehen. Dann zeigt Papi Markus und mir, was man dabei alles falsch machen kann. Mami und Oma probieren es gar nicht erst. Markus findet dieses Spiel so lange ganz toll, bis er mit beiden Füßen im Rhein steht, weil er natürlich nicht gleichzeitig auf die Steine in seiner Hand und das Wasser achten kann. Aber nachdem Mami ihm die Socken ausgezogen und die Sandalen mit Zauberpuste blitzschnell trockengepustet hat, hört er sofort auf zu heulen.

Als wir weitergehen, immer am Ufer entlang, bleibt Opa plötzlich stehen und beginnt mit seinem Stock im Boden zu stochern. Markus geht es schon wieder richtig gut, deshalb pult er schnell den Stein, auf den mein Opa deutet, ganz aus dem Kies hervor und wäscht ihn im Rhein ab. Dass seine Sandalen nun schon wieder nass werden, stört ihn diesmal erstaunlicherweise nicht.

Der Stein ist dunkelrot und funkelt an den Bruchkanten. Ich will auch so einen Stein, aber Opa behauptet, diese Steine seien so selten, dass man unmöglich zwei davon an einem einzigen Tag finden kann. Markus streckt mir hinter dem Rücken meiner Mutter die Zunge raus. Auch Opa sieht davon nichts. „Dieser Stein“, sagt er, „ist nämlich ein sogenannter Tanzstein, den die Nixen benutzen.“

Selbst mein kleiner Bruder sieht Opa nun ein wenig irritiert an.

„Nixen, ach was“, murmelt Oma und konzentriert sich dann wieder darauf, mit ihren hohen Absätzen nicht im Kies stecken zu bleiben.

„Die Nixen“, fährt Opa fort, „lieben Feste, und wann immer sich eine Gelegenheit bietet, feiern sie eines. Am meisten aber lieben sie es zu tanzen, und sie überlegen schon lange vor jedem Fest, mit wem sie den ersten Tanz tanzen möchten. Denn dieser erste Tanz hat für die Nixen eine ganz besondere Bedeutung ...“

Oma schnaubt ärgerlich, so wie Mami es manchmal tut, wenn im Fernsehen wieder irgendjemand Unfug erzählt. Markus dagegen starrt Opa so gespannt an, dass er sich mit Sicherheit gleich auf die Nase legen wird. Vorsichtshalber übe ich schon mal, ganz ernst zu schauen; Mami mag es nicht, wenn ich über meinen kleinen Bruder lache.

„Lange vor dem Fest“, erzählt Opa weiter, „überlegt also jede Nixe, wem sie einen Tanzstein vor die Tür der Höhle tief unten im Wasser legen soll. Wenn sie eine andere Nixe mit diesem ersten Tanz um Verzeihung bitten möchte, wählt sie einen grünen Stein; um einer Nixe ihre Freundschaft anzubieten, nimmt sie einen weißen, und so zeigen alle Farben einen anderen Wunsch an. Der rote Stein jedoch ist etwas ganz besonderes, denn er ist ein Zeichen der wahren Liebe, und wenn die beiden dann auf dem Fest miteinander tanzen und dabei den roten Tanzstein gemeinsam festhalten, so gelten sie fortan als verheiratet.“

Jetzt platzt Oma endgültig der Kragen. „Hier gibt es keine Nixen!“, widerspricht sie. „Nixen in Neuss, davon habe ich ja noch nie gehört!“

„Aber wir haben doch gerade einen ihrer Tanzsteine gefunden“, entgegnet Opa und zwinkert ihr hinter Markus’ Rücken zu.

Dieser Logik weiß Oma offensichtlich nichts entgegenzusetzen. „Wenn du meinst“, seufzt sie und stolpert weiter durch den Kies.

Fast fünfzehn Jahre später, als wir unseren Eltern beim Renovieren der Wohnung helfen und dabei zufällig den roten Stein vom Rheinufer wiederfinden, sagt mein Bruder: „Mensch, damals war ich so klein, dass ich diese alberne Geschichte tatsächlich geglaubt habe."

Nachdem ich das Zimmer verlassen habe, will er noch ein wenig weiter aufräumen. So erstaunt es mich nicht wirklich, dass ich den Stein Monate später, als ich Markus in seiner neuen Wohnung besuche, auf dem Schreibtisch seiner Freundin liegen sehe.

Andrea Tillmanns, *geboren in Grevenbroich, lebt in Ostwestfalen-Lippe und arbeitet hauptberuflich als Hochschullehrerin. Sie schreibt seit vielen Jahren Gedichte, Kurzgeschichten und Romane in den verschiedensten Genres; zuletzt erschien der Foto-Gedichtband „Aachener Ansichten". Weitere Informationen sind auf ihrer Website www.andrea-tillmanns.de zu finden.*

Sollbruchstelle

Die Klöße dampften in den Schüsseln, der köstliche Duft von Schweinebraten zog durch den Gastraum. „Nee, für mich nur Kloß“, wehrte Julia ab. Misstrauisch blickte sie auf die Sauciere, die ihre Mutter über ihren Teller hielt. „Ist da Tier drin?“

Ihr Vater seufzte: „Was glaubst du wohl, wie eine Schweinebratensoße zustande kommt?“

Tante Hilde schüttelte missbilligend den Kopf: „Diese Flausen von wegen kein Fleisch essen. Ihr jungen Leute wisst gar nicht, wie gut ihr es habt. Was hätten wir nach dem Krieg für ein Stück Fleisch gegeben. Iss, Kind. Bist sowieso viel zu dürr, du musst was auf die Rippen kriegen, sonst kriegst du keinen Mann!“ Resolut packte sie Julia eine ordentliche Scheibe Schweinebraten auf.

Die starrte angewidert auf ihren Teller. „Das ess’ ich nicht. No way. Und überhaupt: Wer sagt, dass ich einen Mann will? Vielleicht will ich ja ’ne Frau!“

Tante Hilde lief dunkelrot an und schnappte nach Luft. Miriam, Julias Mutter, warf Julia ihren Ich-weiß-aber-reiß-dich-zusammen-Blick zu und murmelte zu Tante Hilde gewandt: „Na ja, Teenager.“ Und zu Julia: „Dann iss halt nur den Kloß.“ Sie hatte wirklich keine Lust auf Onkel Ottos Beerdigung Erziehungsfragen zu diskutieren und schon gar nicht mit Hilde.

Onkel Ronald war an einem anderen Thema hängen geblieben: „Na, lass mal. Alles schon mal da gewesen. So was gab es früher auch schon. Dass Mädels mit Mädels oder ...“ Sein verklärter Blick schweifte sichtlich in die Vergangenheit.

„Ronald! Also, wirklich! Doch nicht beim Leichenschmaus“, seine Frau, Tante Elly, stieß ihn an.

„Leichenschmaus?!“ Der kleine Finn starrte entsetzt auf seine Gabel. „Essen wir Onkel Otto?!“

Seine große Schwester Julia fauchte: „So ähnlich. Viel anders ist das auch nicht, ihr Karnivoren.“

„Unsinn!“ Miriam zog den heulenden Finn, der den feinen Unterschied zwischen Karnivoren und Kannibalen nicht so ganz erfasst hatte, nach draußen Richtung Waschräume. „Julia hat nur Spaß gemacht. Du weißt doch, dass sie nicht will, dass wir Fleisch essen.“

An der Tafel machte sich betretenes Schweigen breit, nur vom Geklapper des Bestecks, dem Abstellen der Gläser und gelegentlichem Schuheschurren begleitet. Die Erlösung kam in Gestalt von Kathi, der Kellnerin: „Passt alles? Mögt's vielleicht einen Nachtisch oder einen Schnaps?“

Die Männer atmeten sichtlich auf. Miriam auch. Heute konnte sie wirklich einen Schnaps vertragen und ja, natürlich konnte Finn ein Eis haben.

„Da ist auch garantiert kein Onkel Otto drin“, konnte Julia sich nicht verkneifen.

Miriam entschloss sich, diese erneute Entgleisung schlicht zu überhören und auch nicht zu sehen, wie Finn seiner Schwester die Zunge herausstreckte. Jörg konnte ja schließlich auch etwas sagen, warum fielen die unangenehmen Aufgaben immer ihr zu. Eine Runde Himbeergeist wurde ausgeteilt und auf Onkel Otto angestoßen.

Onkel Ronald zog einen Umschlag aus seinem schwarzen Jackett und regte eine zweite Runde an, denn jetzt, so fand er, wurde es Zeit, Onkel Ottos Testament zu verlesen.

Kathi eilte mit einem weiteren Tablett herbei und Onkel Ronald entfaltete umständlich das altmodische Briefpapier auf dem unverkennbar Onkel Ottos große, energische Handschrift prangte. Als er fertig war, herrschte Schweigen. Zustimmendes Schweigen bei Tante Hilde und Onkel Herrmann, die das Geld bekamen. Unzufriedenes Schweigen bei Britt, die sich fragte, was sie mit dem alten Haus hier draußen sollten, das war ja doch nur eine Last. Verdattertes Schweigen bei Julia, der Onkel Otto seinen uralten Mercedes hinterlassen hatte. Anscheinend hatte er erwartet, noch ein paar Jahre länger zu leben, denn Julia war erst vierzehn.

Julia fasste sich als Erste: „Ich fahre ganz sicher keine so 'ne Klimavernichtungsmaschine!“, entrüstete sie sich.

„Aha, dann läuft mein Fräulein Tochter also heute nach Hause. Oder möchtest du später in unsere Familienklimavernichtungsmaschine einsteigen, um zurückzukommen?“, erkundigte sich Jörg süffisant.

Die anderen schwiegen und gingen im Geiste Ottos Hausstand durch. *Den Rest teilt ihr einfach nach eurem Gutdünken untereinander auf,* hatte Otto geschrieben. Miriam wartete ab, Otto war schließlich Jörgs Onkel.

Ronald zuckte die Schultern. „Na ja, den Ohrensessel hätte ich gerne. Der ist so gemütlich."

Jörg machte eine zustimmende Handbewegung. „Klar, nimm ruhig."

„Was heißt hier: Nimm ruhig?! Wie kommst du dazu, meine Sachen zu verteilen, Brüderchen?!" Das war Britt und sie war sichtlich in Kampfstimmung.

Jörg starrte sie verdattert an. „Wieso deine Sachen? Ihr habt doch das Haus."

„Eben! Und was ist in dem Haus? Möbel! Die gehören ja wohl zum Haus."

„Du spinnst doch", platzte Miriam heraus. „Wenn man es so betrachtet, würde dir ja alles gehören. Schließlich ist alles andere im Haus."

„Tja", machte Britt und lehnte sich mit verschränkten Armen zurück.

Kathi beobachtete die Sache sozusagen aus der ersten Reihe hinter ihrem Tresen. Da braute sich etwas zusammen, so viel war klar.

„Heißt das, du willst Ronald den Sessel nicht geben? Wie kleinlich kann man eigentlich sein? Du kriegst das ganze Haus und Grundstück und kannst nicht mal den einen Sessel abgeben, den Ronald sich wünscht?" Miriam hatte noch nie viel von ihrer Schwägerin gehalten, aber das hätte sie selbst Britt nicht zugetraut.

Julia stöhnte gerade genervt: „Dann fahrt halt zur IKEA, da gibt es haufenweise solche Dinger."

Und Ronald winkte bereits ab, als sich Elly einschaltete: „Das ist ja wohl an Raffgier nicht zu überbieten und an Unverschämtheit auch nicht. Du gönnst deinem Onkel den Lesesessel seines verstorbenen Bruders nicht?! Willst alles für dich einkassieren? Du bist ja schlimmer als deine Mutter – und die war weiß Gott ein Biest! Die kannte weder Freund noch Feind und auch keine Familie, wenn es um ihren Vorteil ging!"

„He, he, langsam – so sprichst du nicht von meiner verstorbenen Mutter, Tante Elly." Das war Jörg, der sonst so ruhige Jörg.

„Von dem Aas spreche ich, so viel es mir passt“, trumpfte Elly auf.

Ronald duckte sich neben Elly, die munter weiter wetterte: „Das war eine ganz Durchtriebene! Geschichten könnte ich euch von der erzählen … “

Miriam betrachtete ihn aufmerksam.

„Das wirst du schön bleiben lassen, die ollen Kamellen will hier keiner hören“, fuhr Hilde ihr über den Mund. „Außerdem kommst du selbst in den Geschichten auch vor. Überhaupt: So ein Gezänk auf einer Beerdigung – schämen solltet ihr euch, aber der Otto hat schon auch Schuld. Hätte er halt ordentlich aufgeschrieben, wie er es haben will.“

Elly klappte den Mund zu und Ronald schickte einen dankbaren Blick zu seiner großen Schwester.

„Woher hast du überhaupt dieses Testament, Ronald?“, erkundigte sich Peter, Britts Mann. „Ich meine, warum hast du es? Normalerweise liegt so was doch bei einem Notar.“

„Was soll denn das nun wieder heißen?“, herrschte ihn Elly an, „willst du sagen, damit stimmt etwas nicht? Wo ihr alles bekommt und wir uns ein paar Sammeltassen aussuchen können und nicht mal die rückt deine habgierige Frau raus?!“

Ronald sah hilflos in die Runde. „Ich bitte euch, hört auf. Das kann der Otto doch nicht gewollt haben, dass wir uns über seinem Erbe zerstreiten.“

Kathi stellte ein Tablett mit einer Runde Williams auf den Tisch, musterte die verschwitzten Gesichter, die gelockerten Krawatten, die nicht mehr ganz einwandfrei sitzenden Lidstriche, zeigte auf das Tablett und meinte: „Geht aufs Haus.“ Sie stemmte die Arme in die Seiten: „Wenn ihr mich fragt: Genau das hat er gewollt, dass ihr an seinem Testament endlich versteht, wer wer ist bei euch. Sollbruchstelle quasi.“

Kerstin Riechert *lebt in Nürnberg. Sie hat Neuere deutsche Literaturwissenschaft studiert und arbeitet als Technische Redakteurin. In ihrer Freizeit widmet sie sich dem Schreiben und dem Malen. Mehrere Texte von ihr wurden veröffentlicht. Zuletzt „Feierabend“ in der Anthologie „In vollen Zügen, Treffpunkt Schreiben (Mag.a Veronika Hallwirth und Mag.a Sonja Kral) (Hrsg.), Großebersdorf, Österreich, 2025.*

Von Deep House, Jazz und Krampfadern

Eltern werden ist nicht schwer, Eltern sein dagegen sehr. Was klingt wie der Titelspruch eines vielfach abgegriffenen Ratgebers, trägt Wahrheit in sich. Hat man es durch das schlafarme Bootcamp zwischen Windel-Gebirgen, Kinderlieder-Dauerschleife und Trost bei aufgeschlagenen Knien geschafft, wartet der Endgegner am Horizont: die Pubertät. Jahrelang sieht man sich konfrontiert mit der Quadratur des Kreises, einerseits lässig durchs Leben zu gehen, ohne dabei den hauseigenen Teenager durch zu gewollte Jugendlichkeit zu verschrecken. Meine Eltern waren meisterhaft in dieser Disziplin. So kann ich die Male, in denen sie mir peinlich waren, an einer Hand abzählen.

Meine Mutter beispielsweise war bereits auf Instagram aktiv, während ich meine Freunde noch mit monatlichen Essens-Diashows in den Schlaf lullte. Außerdem durfte ich regelmäßig ohrenbetäubende, private Deep-House-Festivals genießen, wenn wir beide einmal gemeinsam im Auto saßen. Als ich irgendwann selbst einen Führerschein hatte, passierte es zudem gelegentlich, dass ich nichts ahnend ins Auto stieg und mir irgendwelche DJ-Projekte beim Starten des Motors überraschend wieder ihre Beats entgegenbrüllten.

Mein Vater stieß in ein ähnliches Horn: Neben seinem Beruf als Grafikdesigner war er Trompeter und Percussionist einer regional beliebten Funk- und Soulband. Während andere Väter abends auf schmuddeligen Brokatsesseln saßen und Kreuzworträtsel lösten oder ihre verurteilenden, hochgezogenen Augenbrauen trainierten, hüpfte meiner in Snapback-Mütze, Motivshirt und Hosenträgern zur Musik von *Jan Delay* und *Eminem* auf südbadischen Bühnen herum.

Nach einem seiner Konzerte torkelten wir gegen zwei Uhr nachts durch die verschlafene Fußgängerzone unseres Wohnorts, als sich unsere Mägen meldeten. In dieser Situation hätte ich mich auch mit einer 2008 abgelaufenen Tütensuppe zufriedengegeben. Nicht so mein Vater: Er stolzierte selbstbewusst zum Hinterausgang einer

Bäckerei und war fest entschlossen, einen tapferen Hefe-Helden mit seinen alkoholgeschwängerten Gelüsten auf Laugengebäck zu belästigen. Sein Gesuch blieb erfolglos.

Dies sollte nicht das einzige Mal gewesen sein, dass mein Vater mich auf sonderbare Auswüchse der lokalen Musikszene mitnahm. Es war etwa 2015, als mein Vater und sein Bandkollege von einem quirligen Kulturreferenten für eine Vernissage engagiert wurden. Abdel, ein Mann Mitte 30, kam aus Stuttgart und war ein etwas größenwahnsinniger Kamerad im praktischen Würfelformat. Er hatte Großes vor mit der Band: So stand er nach eigenen Angaben bereits in Kontakt mit den Managements von *Nena* und den *Fantastischen Vier*. Auch *Wonderwoman* und *Captain America* standen auf seiner Liste, doch die hatten wahrscheinlich Rücken. Deswegen mussten realistischere Vorhaben wie ebenjene Vernissage her.

Es war ein Mittwochabend, als mich ein Anruf meines Vaters ereilte, ob ich die Herren denn nicht als zweites Keyboard unterstützen könne. Sein Kollege wolle doch auch gerne mal solieren, hätte anatomisch bedingt aber Schwierigkeiten, parallel dazu den Akkordteppich aufrechtzuerhalten. So wurde ich mit der Aufgabe betraut, mir die harmonische Untermalung für drei Jazzstandards in den Frontallappen zu prügeln. Mein Vater an der Trompete, Abdel an der Percussion, sein Bandkollege und ich jeweils am Keyboard: Wir waren die *Fantastischen Vier* mit der Superkraft, Jubelstürme in Form eines zuckenden Mundwinkels beim Bodensee-Geldadel auszulösen.

Drei Tage später: ein heißer Sommerabend. Tausende Jahre an Krampfader-Geschwader wankten durch die Räumlichkeiten des neu eröffneten Kulturzentrums – vorbei an den Wasserbildern eines mir unbekannten Malers. Durch die Hitze in dem alten Gebäude traten unangenehme Duftwogen von Kölnisch Wasser und Krankenhaus-Geruch zutage, die mir die Augen tränen ließen. Des Weiteren verstanden sich vorwiegend die Damen im Publikum als die Werkschau eines bekannten Lindauer Schönheitschirurgen. Halsabwärts sah ich untersetzte Körper in Cordhosen, Seidenblusen und Goldketten. Halsaufwärts blickte ich in Gesichter in einem Spektrum von *Cruella de Vil* bis *Grobi*.

Unterdessen bereiteten wir uns auf die Präsentation unseres *perfekt abgestimmten* Programms vor. *Perfekt abgestimmt* hieß in diesem Fall, vor jedem Song dieselbe Aufnahme von Meeresrauschen abzuspielen und schließlich in das musikalische Benzodiazepan überzuleiten. Aus irgendeinem Grund kündigte man uns als *die offizielle neue Band des Kulturzentrums* an, was unser aller Contenance direkt auf die Probe stellte. Doch wir bewahrten die Fasson und nudelten drauf los.

Unseren Auftritt würde ich beschreiben wie meine Beziehung zu Salzkartoffeln: außerordentlich mittelmäßig. Mein Vater und sein Bandkollege flitzten munter und solide über alle Blues-Skalen der Kontinente, Abdel tätschelte das Cajon einigermaßen rhythmisch und auch ich hielt mich wacker. Auch in dem Moment, als mir ein sehr großer Mann in Rollkragenpullover und mit Kassengestell plötzlich prüfend über die Schulter schaute. Umweht von einer kühlen Brise im Scheitelbereich hielt ich meine Finger davon ab, in der Aufregung versehentlich *Bitte helfen Sie mir* auf der Klaviatur zu morsen. Damit brachten wir auch *The Girl From Ipanema* unangenehm verwaschen, aber ohne große Stolperer zu Ende. Das war sie also, unsere Fahrstuhlmusik-Baldrian-Salve.

Mein Vater und ich hatten uns gerade einen Gratis-Wein am Ausschank genehmigt, als eine offensichtlich gut betuchte Dame auf uns zukam. An ihr genaueres Aussehen erinnere ich mich nicht mehr, bis heute weiß ich jedoch noch, dass sich ihre Mundwinkel am Hinterkopf fast wieder berührten.

„Sie, diese Musik war vorzüglich. Ich veranstalte immer mal wieder Gartenpartys, da könnte ich so drei bis vier Stunden Programm gebrauchen“, beschied sie uns in feinstem Oligarchen-Badisch. Meinen irritierten Blick ignorierend, fügte sie hinzu: „Kann man euch überhaupt bezahlen?“, begleitet von einem nicht für uns erkennbaren Grinsen.

Mein Vater gab beschwichtigend zurück: „Wir sind nicht so teuer, wie Sie denken“, begleitet von einem schelmischen Grinsen zu mir. Keckernd wanden wir uns ab.

„Zig Bands hätten diese Songs besser gespielt als wir“, flüsterte mein Vater, „und doch stehen wir jetzt hier und könnten bei diesen Menschen Tausende von Euro für mittelmäßigen Jazz verlangen. Genau deswegen bin ich kein Berufsmusiker geworden.“

Statt mit Tausenden Euro begnügte ich mich in diesem Fall jedoch mit 50. Dennoch: Es war mein erstes Geld, das ich mit Musik verdiente. Unser an jenem Abend aufgesetzte Napoleonkomplex blieb auch von der lokalen Presse nicht unbeachtet.

Der Bericht über die Vernissage las sich etwa wie folgt:

Aquarell-Ausstellung der Klasse 3b, Gott weiß, ob die Lord Voldemort gemalt haben oder 'n Fahrrad, ABER DIESE MUSIK! ICH FÜHLE ENDLICH WIEDER WAS!

Zehn Jahre später bin ich ebenfalls keine Berufsmusikerin geworden. So bizarr der Abend auch verlaufen war: Mein Selbstbewusstsein war so widerstandsfähig wie ein Gelber Sack, da tat es gut, einmal im Lob zu baden. Zwar war bei jenem Publikum durch etwas zu viel festgezurrte Gesichtshaut keine tiefgreifende Gefühlsregung in der Mimik zu erkennen. Der Blick der Menschen hätte bei der Erkenntnis, dass sie zu Hause versehentlich den Herd angelassen hatten, also vermutlich ähnlich ausgesehen. Dennoch bin ich bis heute dankbar für diesen Abend, der mir bewies: Eltern werden nicht schwer, Eltern sein auch nicht so, wenn man den Schalk im Nacken hat.

Jule Widmann *wurde 1998 geboren und lebt in Konstanz. Sie hat Sprachwissenschaft studiert und arbeitet als Lektorin, Dozentin für KI-Chatbot-Prompting und verwaltet die Pressearbeit eines Konstanzer Kulturforums. 2023 entdeckte sie das Essay-Schreiben für sich und verfasst seitdem humoristische Texte mit starkem autobiografischen Bezug.*

Die Einladung von Tante Marion

Familie war ein großes Wort – und Lars mochte seine Familie, die auch ständig weiterwuchs. Er selber hatte bereits vier Kinder und er liebte jedes einzelne von ihnen.

Milena, die Älteste, zupfte an ihrem Kleid herum und sah alles andere als glücklich aus. Die Rüschen an dem weißen und rosa Kleid standen ihr auch nicht. Seine Tochter liebte Sport und keine Kleider „Muss ich das tragen? Es kratzt“, murrte sie.

Lars, der ebenfalls nicht zufrieden war mit der Kleiderwahl, versuchte sich an einem Lächeln. „Wir tragen das heute für Tante Marion. Sie möchte, dass wir alle schick für den Geburtstag sind“, erklärte er.

Milena brummte und zerrte an dem Puffärmel herum. Es gab eindeutig schönere Sachen.

„Es ist nur für heute, mein Schatz“, sagte Kathi. Sie betrat das Wohnzimmer und warf ihrem Mann einen warnenden Blick zu. Genau wie ihre Tochter trug sie ein Kleid, welches nicht zu ihr passte, aber Tante Marion hatte darum gebeten, heute in dieser Aufmachung oder für alle anwesenden Gäste auch als zu bezeichnenden Verkleidung zu erscheinen.

Lars und sein Sohn Jonas trugen einen altmodischen Anzug mit Weste und Krawatte, wie man sie aus dem 18. Jahrhundert kannte. Noah und Liam waren noch zu klein und Kathi hatte sich strikt dagegen gewehrt, beiden solche Sachen anzuziehen.

„Na gut, dann können wir ja los. Ich bin gespannt, was uns erwartet“, meinte Lars.

„Ich hoffe, das ist bald vorbei und ich kann wieder nach Hause“, maulte Milena.

Kathi schüttelte den Kopf, aber sie verstand es gut. „Geht schon mal zum Auto.“

Beide Kinder gehorchten und nahmen die Tüte mit dem Geschenk mit.

„Wir bleiben bis zum Abendessen und dann schieben wir Liam vor, dass er nach Hause muss“, sagte sie zu ihrem Mann.

Lars grinste und drehte sich einmal um die eigene Achse. „Findest du mich damit nicht hübsch?“, fragte er.

Kathi atmete tief ein. „Dein Anzug steht dir. Aber dieses Kleid ist grauenhaft. Wie kam sie nur auf diese dumme Idee? Das ist ja eine Strafe.“

Lars reichte ihr die Hand und zog sie mit sich. „Nur dieser eine Tag.“

Das machte es nicht besser. Dennoch nahm sie die Babyschale mit Liam auf, während sich Lars um Noah kümmerte. Zu ihrem Glück dauerte die Fahrt nicht lange.

Tante Marion hatte extra für diesen Tag das Vereinshaus gemietet, denn dort hatten sie alle Platz. Für ein Catering und Bedienung war ebenfalls gesorgt.

„Oh hallo, wie schön, dass ihr da seid.“ Marion strahlte und umarmte erst Kathi und dann Milena. „Was für schöne Kleider. Ihr seht alle so schön aus. Das macht mich glücklich.“

Lars küsste sie auf die Wange und hatte Mühe, nicht zu lachen. Seine Frau und seine Kinder waren nicht glücklich mit der Wahl der Kleidung.

„Wie bist du auf die Idee gekommen, dass wir uns verkleiden müssen?“, fragte Milena.

Lars verzog das Gesicht, während Kathi die Augen niederschlug. Das war ja peinlich.

Aber Marion sah es zum Glück anders. „Das liegt wohl an den Büchern, die ich so gerne lese. Ich dachte, wir machen ein Motto, deswegen die Jahrhundertwende. Ich liebe diese Art der Kleidung. Schade, dass wir das heute nicht mehr tragen.“

Zum Glück waren die Kinder jetzt so clever, nichts zu sagen. Man sah Milena und vor allem Jonas an, dass sie protestieren wollten.

Kathi lächelte einfach nur verkrampft. Sie würde diese Art von Kleidung nicht tragen, wenn sie es nicht musste. Wie konnte so etwas nur Mode gewesen sein? Die Frauen taten ihr immer noch leid. Wie gut, dass es kein Korsett war.

„Dann lasst uns doch schon mal hineingehen“, meinte Marion und wandte sich um.

Der Vereinsraum, den man für jede Art von privater Feier buchen konnte, war wunderbar geschmückt. Frische Blumen standen auf dem Tisch und leichte Musik drang aus den Lautsprechern. Für Kaffee und Kuchen war bereits eingedeckt worden.

Alle Anwesenden begrüßten sich. Die Männer waren wie Lars in einem Cutaway, bestehend aus einer schwarzen Jacke, schwarzen Hose und schwarzen Schuhen. Dazu eine hellgraue Weste und ein weißes Hemd. Die Krawatte dazu war silbergrau und rundete das Bild ab.

Die Damen trugen leichte Kleider aus Baumwolle oder Leinen, die meisten waren weiß und rosa. Oder aber auch hellblau. Kathi fühlte sich nicht wohl mit all den Rüschen und den Puffärmeln. Das Kleid würde sie vernichten, sobald sie wieder zu Hause waren.

Milena und Jonas setzten sich zu den anderen Kindern, während Lars die Babyschale neben sich stellte. Liam schien das alles nicht zu stören. Er war erst vier Monate alt und seine blauen Augen blickten sich neugierig um.

Kathi plauderte ausgelassen mit ihrer Schwägerin Vanessa, während sie Noah auf dem Arm hielt, der sich an sie klammerte. Er mochte die vielen Menschen um sich herum nicht.

Langsam fühlte sich der Raum, bis fast alle 30 Gäste anwesend waren. Nur Steve, der Sohn ihrer Schwester, fehlte noch.

Marion erhob sich und bat einen Moment um Ruhe. „So, da wir ja fast alle das sind, möchte ich noch mal Hallo sagen und Danke. Ich freue mich, dass ihr meiner Einladung gefolgt seid und euch so schick gemacht habt. Das gibt viele tolle Fotos."

Sie lächelte in die Runde und schien eine Art Applaus zu erwarten. Aber die meisten schienen wenig erfreut, denn diese Kostümierung war aufwendig gewesen, aber was tat man nicht alles für die Familie?

„Ich denke, wir werden sicher noch einmal so eine Mottoparty machen. Jetzt aber erst mal ..." Weiter kam sie nicht, denn die Tür knallte zu und die versammelten Gäste sahen überrascht auf.

Ein junger Mann in einem langen schwarzen Ledermantel, Springerstiefeln, mit nach oben gestylten Haaren und Sonnenbrille betrat den Raum. „Hallo zusammen", grüßte dieser. Er nahm die Brille ab und zwinkerte den Anwesenden zu.

„Steve? Was soll das?", wollte Marion wissen.

„Alles Gute zum Geburtstag, Tante Marion, auch wenn ich zu spät bin." Er trat zu ihr und die Frau starrte ihn mit großen Augen an. Er sah aus wie ein Gothic. Sie fasste sich ans Herz. Stille hatte sich über den Raum gesenkt, bis jemand zu lachen begann. Andere stimmten vorsichtig mit ein. Vor allem als Steve den Mantel öffnete. Darunter trug er ein gestreiftes Shirt und kurze Hosen ähnlich der Sportmode aus den 80er-Jahren.

„Ich sehe doch toll aus, oder?"

Er drehte sich um die eigene Achse und genoss die Blicke der Gäste. Einige geschockt, die meisten aber einfach nur amüsiert. Er war ein echter Spaßvogel, der sich gerne in Szene setzte – so auch jetzt. Lachend küsste er Marion auf die Wange, schnappte sich einen Keks und setzte sich auf einen freien Platz.

„Ich bin sprachlos", murmelte Marion. Sie schüttelte immer noch den Kopf. So hatte sie sich das nicht gedacht, aber vielleicht hätte es sie nicht wundern sollen.

Steve genoss dagegen den Spaß und die Blicke. „Ihr seht alle so zugeknöpft aus", lachte er.

„Na, wenn es schon hieß, wir sollen uns so verkleiden, dann fällst du mal wieder aus der Reihe", gab Lars zurück. „Tja, ich finde es witzig."

Steve zuckte gelassen die Schultern.

„Das wollen wir auch", verkündete Jonas.

Kathi kicherte und auch Lars fand es urkomisch. Nach einer Weile stimmte auch Marion zu. „Jetzt lasst uns Kaffee trinken", forderte sie.

Das mochte anders sein als gedacht, aber davon ließ sie sich nicht unterkriegen. Immerhin brauchte jede Party etwas Spaß.

***Doreen Pitzler** wurde 1986 in Sachsen-Anhalt geboren, wo sie auch aufgewachsen ist. Schon früh entwickelte sie eine Vorliebe für gute Geschichten und inspirierende Welten. Zu Schulzeiten verband sie diese Vorliebe mit ihrer eigenen blühenden Fantasie und begann mit den Schreiben eigener Geschichten. Heutzutage ist das Schreiben ein willkommener Ausgleich zu ihrer Bürotätigkeit.*

Am Ende des Tunnels

Süßkartoffeln, Rote Bete, Blaubeeren, Haferflocken, Joghurt und vier Sixpacks Bier für die Jungs – das ist alles, was ich heute besorgen muss. Mist! Ich scheine nicht der Einzige zu sein, der seine Einkäufe erledigen will. Überall im Supermarkt tummeln sich die Kunden. Plötzlich entdecke ich Kai, meinen früheren Schulkameraden.

Der mittlerweile Grauhaarige mit Brille und Übergewicht steuert direkt auf mich zu. „Mensch Adi, dass wir uns noch mal über den Weg laufen. Geht es dir gut?"

Ich nicke und erkundige mich nach seinem Befinden, während ich meinen Einkaufswagen weiter in Richtung Kasse schiebe.

„Ich kann nicht klagen, kämpfe nur mit dem Gewicht und den Gelenken." Jetzt lacht Kai laut auf. Er scheint immer noch sehr redselig zu sein. „Ich esse einfach für mein Leben gern. Und dich schickt wohl heute deine Frau einkaufen? Sieht ja verdammt übersichtlich und gesund aus, was du da im Wagen hast. Na ja, wenigstens das Bier lässt du dir nicht verbieten."

Ich entgegne, dass ich schon lange allein lebe. Von meiner gescheiterten Ehe und meinem gnadenlosen Absturz muss hier im Einkaufszentrum niemand etwas erfahren. Und auch nicht davon, dass ich seit meinem Zusammenbruch keinen Tropfen Alkohol mehr anrühre. Kai würde wahrscheinlich gar nicht verstehen, warum ich nach meiner Zeit auf der Intensivstation mein Leben komplett umgekrempelt habe. Ich sage nur gesunde Ernährung, Bewegung, Entspannung, soziale Kontakte und ausreichend Schlaf. Ich hab das so konsequent durchgezogen, dass selbst die Ärzte überrascht waren.

„Aber nicht übertreiben, Herr Hiller", meinte mein Neurologe, nachdem ich um die zwanzig Kilo abgenommen hatte. „Trotzdem: mein Kompliment."

Auch Kai hebt jetzt anerkennend den Daumen. „Mensch, Adi, du siehst richtig gut aus. Machst du etwa Sport?"

„Klar, dreimal die Woche."

„Wow! Bei mir reicht es gerade für die Bundesliga im Fernsehen. Wie sieht's aus? Lust auf ein Bierchen? Ich finde, wir sollten unser Wiedersehen feiern. Ich geb einen aus. Auf die guten alten Zeiten."

Ob man darauf wirklich anstoßen sollte, bezweifle ich. Ich nicke dennoch. Wir sitzen bald in Kais Stammkneipe.

„Für mich einen Kaffee und ein Wasser", sage ich.

Kai stutzt.

„Du weißt doch: Kein Bier vor vier."

„Sicher?"

Ich nicke.

Kai bestellt und berichtet bald von seinem Werdegang. Ausbildung zum Schlosser, Hochzeit mit Monika aus der Parallelklasse, Hausbau, zwei Söhne, die längst flügge sind. Manchmal zoffe er sich mit seiner Frau, aber das sei nach all den Jahren wahrscheinlich normal, glaubt er. „Dann flüchte ich in den Hobbykeller oder eben hierhin in die Kneipe. Ach ja, Opa bin ich übrigens auch. Seit fünf Wochen. Zuckersüß, die Kleine."

Ich gratuliere und fasse mit einigen wenigen Sätzen meinen eigenen Lebenslauf zusammen: Fachabi, BWL-Studium, Angestelltenverhältnis und spätere Selbstständigkeit als Makler, Trennung kurz vor der Silbernen Hochzeit wegen zunehmender Entfremdung, Insolvenz noch während meiner Erkrankung danach, Reha, Genesung, Berentung, seitdem ehrenamtlich bei der Tafel und der Schuldnerberatung.

Kai zieht die Stirn kraus. „Mensch, das hört sich echt nach heftigen Einschlägen an. Aber irre, dass du das alles weggesteckt hast. Tja, wie hat deine Oma schon immer gesagt? Unter jedem Dach ein Ach. Weißt du noch?"

Und ob. Ich rolle mit den Augen. Meine Großmutter war ein Fall für sich und ein wahrer Haudegen. Sie konnte fürchterlich streng sein und hat uns Kindern so ziemlich alles verboten, was Spaß machte.

„Boah, wie oft sie geschimpft hat, weil wir mit dreckigen Schuhen durchs Treppenhaus gestampft sind. Und wie oft sie uns in der Mittagspause das Spielen draußen nicht erlaubt hat und uns in die Kirche zum Beichten geschleppt hat."

Ich seufze.

„Und dein Vater war ja auch nicht gerade ohne, Adi. Der hat dir ja nicht nur einmal den Hintern versohlt. Manchmal war ich echt froh, dass mein Alter die Biege gemacht hat."

Tja, und auch meine Mutter war zweifelsohne eine schräge Nummer. Ständig war sie in Sorge um mich. Das ging so weit, dass sie mich noch zur Schule begleitet hat, als ich schon zehn war. Und dann dieser grässliche Pott-Haarschnitt, den sie mir immer mit der Küchenschere verpasst hat. Die anderen in der Schule haben gelacht, aber auch, weil ich ständig in diesen bayrischen Lederhosen rumrennen musste. Und in der Pubertät hatte Mama es sich dann nicht nehmen lassen, mich samstags persönlich von der Disco abzuholen. Wie peinlich ist das denn! Nee, eine unbeschwerte Kindheit und Jugend sehen definitiv anders aus, vor allem, wenn man schon mit dem Namen gestraft ist. Ganz ehrlich: Wer bitte hat in den 1960er-Jahren seinen Sohn noch Adolf genannt? Und das, wenn der Nachname Hiller lautet. So viel dazu.

Kai reißt mich aus meinen Gedanken. „Leben deine Eltern noch?"

„Nee. Mein Vater ist vor einigen Jahren an einem Aneurysma gestorben, meine Mutter kurz danach an Magenkrebs."

„Mein Beileid. Ist … das der Grund, warum du so gesund lebst?"

Ich hülle mich in Schweigen.

„Oder liegt es daran, weil du selbst so krank warst? Na ja, wenigstens gönnst du dir die Sixpacks." Kai prostet mir zu. „Auf das Leben und auf uns, Adi!" Nachdem er ein neues Bier geordert hat, fragt er weiter. „Was hattest du eigentlich genau? Oder willst du nicht drüber reden?"

Das sind genau die Fragen, die ich hasse. Ich zögere und fasse alles so unspektakulär wie möglich zusammen. Schlaganfall, zwei mehrwöchige stationäre neurologische Rehas und viele Monate ambulante Physio und andere Therapien.

Kai schluckt, obgleich ich ganz bewusst nichts von den Depressionen seit meinem Studium, der Alkoholproblematik nach der Trennung von Sybille und von den Monaten meiner Wohnungslosigkeit danach verlauten lasse.

„Heftig", kommentiert Kai trotzdem. „Ich weiß nicht, ob ich an deiner Stelle die Kraft gehabt hätte, um mich wieder zurück ins Leben zu boxen. Schon gar nicht so ganz allein und ohne Familie."

Als ich das Wort *Familie* höre, verschlucke ich mich fast an meinem Kaffee. Kai hat nicht die Spur einer Ahnung. Nein, ich hänge mit meinen depressiven Verstimmungen nicht übermäßig am Leben. Aber als ich damals auf der Intensivstation beinahe den Löffel abgegeben hätte, hatte ich eine Nahtoderfahrung der besonderen Art. Plötzlich tat sich vor mir ein dunkler Tunnel auf – mit grellem Licht am Ende. Ich konnte mich der magischen Anziehungskraft kaum entziehen, bis ich auf einmal alle sah – Papa, der mir zuwinkte, Oma, die mich mit dem Zeigefinger locken wollte und Mama mit ausgestreckten Armen.

„Komm zu uns rüber ins Paradies. Wir warten schon so lange auf dich, Adolf", riefen sie unisono und mit verführerischer und zugleich falscher Stimme.

Stopp! Nein! Niemals!

Alles in mir rebellierte, ich zog mit allerletzter Kraft die Notbremse und hab wohl gerade noch auf den letzten Drücker die Kurve gekriegt.

„Er wird wach", hörte ich daraufhin eine mir fremde Stimme sagen. Es war die diensthabende Krankenschwester.

Weder sie noch meine Therapeuten oder irgendjemand anders habe ich jemals in meine Horrorvisionen eingeweiht, die schlimmer nicht hätten sein können. Bis heute weiß niemand von meiner Stippvisite bei der buckeligen Verwandtschaft. Ich bete zu Gott, dass mir ein erneutes Wiedersehen noch möglichst lange erspart bleibt und ich tue wirklich alles Erdenkliche dafür. Und dazu gehört eben, dass ich konsequent auf Alkohol verzichte – auch, als ich nach dem Treffen mit Kai auf dem Heimweg noch einen Schlenker unter die Stadtbrücke einschiebe, um meinen Jungs von früher ein Bierchen vorbeizubringen.

***Ulli Krebs**, freie Redakteurin und Hobbyautorin, geboren 1965 in Düsseldorf, wohnhaft in Norddeutschland. Veröffentlichung mehrerer Kurzgeschichten in Anthologien und eines Regionalkrimis.*

Und eskaliert ...

Und es eskaliert ... keiner weiß, wieso ... *

Ein österreichischer Liedermacher hat sich den Verwandtschaftsstreitigkeiten angenommen und einen Nummer-eins-Hit damit geliefert. Hört man den Text, möchte man nicht glauben, dass es solche Familienstreitigkeiten gibt! Aber der Songwriter wusste ja nichts von dem, was im Hause von Judith gerade passierte ...

Der liebe Gott hatte die alte Frau gestern zu sich geholt. Uroma Herta war gerade mal 80 geworden und hatte ein beschauliches Leben. Sie hatte einst zwei Kinder zur Welt gebracht und war über vierzig Jahre mit ihrem Mann verheiratet. Ich habe meine Uroma sehr geliebt. Sie hat mit mir so manchen Nachmittag verbracht und mir das Perlenfädeln beigebracht. Damit hatte sie sich vor Jahren ihr Geld verdient. Der einzige Stachel, der in ihrer kranken Lunge saß, war die Tatsache, dass Tochter Judith und Sohn Johann seit Jahren zerstritten waren und der Sohn sich auch nicht mehr bei ihr, der Mutter, blicken ließ. Dafür hatte sich Tochter Judith, meine Oma, aufopfernd um Urli gekümmert.

Wir waren alle sehr traurig, obwohl wir wussten, dass es für Uroma Herta die Erlösung war, um die ich bei der Sonntagsmesse oft gebetet habe. Der Lungenkrebs hatte sie buchstäblich aufgefressen.

Nun saßen wir, die kleine Familie, beisammen. Keiner wollte so richtig sprechen. Immer wieder wurde die Taschentuchbox herumgereicht und nur das ein oder andere sehr laute Schnäuzen durchbrach die Stille. Noch ruhte Uroma Herta im Kühlhaus des Krankenhauses und wartete auf die Weiterreise in eine friedlichere Welt. Es war Sonntag und da konnte man weder Behörden noch Bestatter für ein entscheidendes Gespräch erreichen.

Als es an der Haustür klingelte, blickten alle verwundert auf. Gespannt verfolgten Opa Walter und mein Papa, der Sohn von Judith und Walter, die nächsten Minuten. Meine Mama und ich hielten uns im Hintergrund. Nachdem es ein zweites Mal geklingelt hatte, begab Oma Judith sich zur Haustüre. Da stand doch tatsächlich ihr lange verschollener Bruder Johann, mit dem sie seit Jahren kein Wort mehr gewechselt hatte. Judith war erst erstaunt, dann aber sehr erfreut, nach so langer Zeit wieder ihren Bruder zu sehen. Scheu reichte sie ihm die Hand.

„Komm erst mal herein, damit wir alles in Ruhe besprechen können!", bot sie stotternd an und gewährte dem Bruder Einlass. „Es ist schön, dass du gekommen bist, auch wenn der Anlass ein sehr trauriger ist", erklärte Judith stotternd.

Natürlich stand fest, dass meine Oma Judith und ihr Mann, Opa Walter, sich um eine würdige Abschluss-Zeremonie kümmern wollten und es eigentlich keiner Diskussion mehr dazu bedurfte. Uromas letzter Wunsch war, verbrannt zu werden, und die Urne sollte im Garten ihres ehemaligen Hauses einen Platz unter ihrem geliebten Fliederbusch bekommen.

Johann, eigentlich Großonkel Johann, trat näher und blieb mitten im Wohnzimmer stehen. Mir fiel auf, dass er nicht wirklich zerknirscht oder trauernd aussah. Eher hatte ich das Gefühl, dass er sich gerade auf dem Kriegspfad befand.

Ja, was soll ich sagen? Ja, was soll ich machen? Ich bin auf jeden Fall gespannt, wie das jetzt läuft … *

„Wir nehmen das billigste Begräbnis, das die Bestattung zu bieten hat!", erklärte Johann forsch. „Mehr hat sie sich nicht verdient!"

Oma Judith verlor alle Farbe aus dem Gesicht und musste kräftig schlucken. Wieso war ihr Bruder so hart? Natürlich hatte er in den letzten Jahren keine finanziellen Zuwendungen seiner Mutter mehr bekommen, aber er wollte es ja so. Hätte er sich um die alte Frau gekümmert, wäre die Sachlage nun sicher etwas anders.

„Wer sagt, dass Mutter ein Erdbegräbnis wollte? Ihr letzter Wille war, verbrannt zu werden!", erklärte Oma Judith nun mit belegter Stimme und feuchten Augen. Auch wenn sie versuchte, ruhig zu bleiben, konnte man ihr ansehen, dass sie um Beherrschung kämpfte.

„Und ist das Verbrennen billiger als ein Erdbegräbnis?", erkundigte Johann sich forsch.

„Das ist doch egal, ihr Wunsch war es, dass die Urne dann im Garten ihres Hauses einen würdigen Platz finden sollte." Wieder liefen dicke Tränen über Judiths Wangen. Sie konnte nicht glauben, dass es ihrem Bruder nur ums Geld ging.

„Du glaubst doch nicht, dass ich so einen Blechtopf in meinem Garten dulde!", bellte er Judith lauthals an.

„Wie kommst du auf die Idee, dass es dein Garten sein könnte? Mutter hat schon vor Jahren, nach Vaters Tod, das Haus an unseren Sohn überschrieben!", konterte Oma Judith.

Jetzt färbte sich Johanns kahler Schädel in Purpurrot. „Das konnte sie doch gar nicht, schließlich bin ich der Erstgeborene und daher steht mir das Haus zu. Ich werde mein Recht bei Gericht einfordern!", tobte er und Oma Judith hatte plötzlich Angst, ihr Bruder könnte umkippen und einen Herzinfarkt erleiden.

Jetzt erhob sich mein Vater und fragte forsch. „Haben wir nicht wichtigere Dinge im Augenblick zu klären?"

„Erdbegräbnis!", brüllte Johann.

„Nein Urne!", schrie Oma Judith und fuhr fort:

„Die Dinge hängen zusammen, denn Onkel Johann glaubt, dass ihm das Haus gehört, und er würde im Garten keine Urne mit der Asche seiner Mutter dulden!"

„Tja, lieber Onkel, da hast du dich wohl getäuscht! An dem Übergabevertrag kann man nicht rütteln, der ist wasserdicht! Und weil wir nun den Fall geklärt haben, sollten wir uns wieder dem widmen, was ansteht. Nämlich der Verabschiedung von Oma und der Verbrennung danach!"

„Es wird ein Erdbegräbnis!", stampfte Johann grimmig mit dem rechten Fuß auf den gepflegten Parkettboden.

„Das wird nicht der Fall sein, denn die Urne kommt in meinen Garten!", entgegnete mein Vater zornig.

„Und wenn ich die Urne besuchen will? Lässt du mich dann in den Garten?", tobte Johann weiter.

„Moment mal, du hast dich seit Jahren nicht mehr um Mutter gekümmert, hast sie weder besucht noch angerufen, was willst du also bei der Urne?", fiel Judith ihrem Bruder ins Wort.

„Wenn unbedingt Urne, dann kommt diese in ein Urnengrab am Friedhof, und damit basta! Dann kann ich, wann immer ich möchte, dorthin gehen", knurrte Onkel Johann.

„Was bildest du dir eigentlich ein. Mein Mann, unser Sohn und ich kümmern uns um die Verabschiedung und die Fahrt ins Krematorium. Wir akzeptieren den letzten Willen unserer Mutter und natürlich bezahlen wir auch alles! Du kannst entweder zur feierlichen Verabschiedung kommen oder dich zum Teufel scheren!", fauchte Oma Judith plötzlich und es sah aus, als ob sie giftige Pfeile aus ihren Augen auf ihren Bruder abschießen wollte.

Jetzt mischte sich mein Vater wieder ein. „Oma hatte bis zum Tod das Wohnrecht in dem Haus, vielleicht magst du ein paar Küchenutensilien mitnehmen. Gewand von ihr passt dir wohl nicht! Du kannst auch gern den alten Röhrenfernseher mitnehmen oder den Kühlschrank, wenn dir danach ist!", legte er wütend nach.

Johann stürzte sich auf seinen Neffen und wollte ihn wegen der frechen Äußerungen an die Gurgel gehen. Aber Oma Judith ging blitzschnell dazwischen, sonst hätte es womöglich eine Katastrophe gegeben.

Jetzt mischte sich auch Opa Walter ein. Der hatte die ganze Zeit den Streit mitverfolgt, aber nichts gesagt. „Es reicht! Verlass bitte unser Haus und komm nie mehr wieder! Und akzeptiere, dass Omas Haus unserem Sohn gehört, in dessen Garten die Urne unter einem kleinen Fliederbusch zu stehen kommen wird. Und wage es ja nicht, dich dem Garten zu nähern!"

** Zitat aus dem Song „Verwandtschaftstreffen" (2024) – RIAN*

Hannelore Futschek: *Jahrgang 1951. Matura, Studium, Bankangestellte, Bestatterin, Gleichbehandlungsbeauftragte im Arbeitsmarktservice. Lebt mit ihrem Mann im Salzkammergut. Seit der Pensionierung schreibt sie ständig. Vier Bücher (Romane, Krimi) sind im Selfpublishing veröffentlicht worden. Bei zahlreichen Anthologien erfolgreich mitgewirkt. Bei Pauli Esposito Wettbewerb den 1. Platz erreicht. Auch die Acrylmalerei zählt zu ihren Hobbys.*

Befremdlich

Auf dem Papier steht: *Verwandt.*
Doch im Alltag keinerlei Kontakt,
sich gar nicht gekannt,
noch nicht mal auf der Straße erkannt.
Überhaupt nicht miteinander bekannt.
Trotzdem: verwandt!
Laut Papier: verwandt.
Doch der Platz im Leben ist vakant.
Diese Situation einen ziemlich übermannt.
Nah verwandt und doch äußerst distanziert.
Das enttäuscht und brüskiert.
Das ist schon sehr komisch
und äußerst tragisch.
Ausgerechnet nahe Verwandte
sind wie fremde Bekannte,
gar gänzlich Unbekannte.
Und doch sind fremde Bekannte
einem viel näher als nahe Verwandte.
Traurig und beschämend,
wenn einem wildfremde Menschen näher stehen
als sehr nahe Verwandte …

Juliane Barth, *Jahrgang 1982, lebt im Südwesten Deutschlands. Sie schreibt als Hobby seit jeher sehr gerne, u. a. Gedichte, Kurzgeschichten und Sachtexte. Veröffentlichungen in diversen Anthologien: https://sacry-decs.hpage.com.*

Leons Tag

Leon ist wütend. Nicht die Art von wütend, die man ist, wenn einem das gerade gekaufte Eis auf den Boden fällt oder man bei Mario-Kart von fliegenden Schildkrötenpanzern getroffen wird. Leon ist auf die Art wütend, die man ist, wenn man 13 Jahre alt ist und mit Sicherheit weiß, dass die ganze Welt gegen einem ist.

Er sitzt beim Frühstück, isst seine Cornflakes und sieht ins Leere. Nicht weil er müde ist, was seine Mutter denkt, als er nicht reagiert, als sie fragt, wie er geschlafen hat. Leon will nur einfach nichts sehen, was ihn wütend macht, weil er nicht weiß, wohin er noch mehr Wut verstauen soll.

Als sein Wecker klingelte, wurde er aus einem Traum gerissen, in dem er ein kleines Flugzeug durch die Wolken manövrierte und ihm die ganze Stadt zu Füßen lag. Wer würde nicht lieber durch die Lüfte fliegen, anstatt in die Schule zu gehen, wo nichts außer geworfenen Papierbällen ihm zu Füßen lagen? Seine Hand suchte den Wecker, um den nervigen Kerl zum Schweigen zu bringen, und stieß dabei das Wasserglas um, das auf dem Nachtisch stand. Dieses wiederum kippte auf seine Matheaufgabe und verschmierte, was er kurz vor dem Schlafen noch hingekritzelt hatte. „Umso besser", denkt sich Leon, „war sowieso falsch." Nachdem er sich mühsam aus dem Bett gezwängt hatte, stand er auf einen Legostein, der vor dem Badezimmer lag. Jeder, dem schon mal ein Legostein abhandengekommen ist, um dann unverhofft unter einem nackten Fuß wieder aufzutauchen, versteht den Drang, diesen Stein in seine kleinsten Teile zu zerstückeln und seine Leiche so tief zu vergraben, dass sie dem Teufel direkt ins Gesicht sehen kann.

Leon ist also wütend. Er möchte gerne seinen kleinen Bruder anschreien, der den Stein dorthin verschleppt hat, da ist sich Leon sicher, doch er weiß, dass dieser gleich weinen würde, was wiederum eine Diskussion mit seiner Mutter auslösen würde. Niemand würde fragen, wieso Tim seine Legosteine nicht aufgeräumt hat, sondern nur, wieso Leon ihn zum Weinen bringt. Also schluckt Leon seinen Schrei, aber füllt sein Wut-Meter höher.

Beim Frühstück konzentriert er sich darauf, so wenig wie möglich zu tun, um so wenig wie möglich falsch zu machen. Leon hat schon seine Schuhe an, als seine Mutter nochmals fragt, ob alles in Ordnung sei.

Er weiß nicht, wie er sagen soll, dass heute nichts in Ordnung ist, deshalb schließt er nur leise die Türe hinter sich mit einem: „Sorry, bin spät dran für die Schule“, obwohl die Zeit reichen würde, um zur Schule und zurück zu laufen, ohne dass die erste Stunde gestartet hätte.

Leon geht die Straße runter und biegt zum Haus von Emily ein. Sobald er ihr alles erzählen kann und sie ihn mit ein paar Witzen hochnimmt, war es nur ein schlimmer Morgen, doch der Tag wird gut. Er klingelt und wartet darauf, ihre Stimme zu hören, die ihren Eltern einen schönen Tag wünscht und ihnen sagt, dass sie sie lieb hat. Manchmal ist Leon neidisch darauf.

Nicht, dass Emily ihre Eltern liebt, sondern dass ihre Eltern rufen: „Wir dich auch Schatz!“ Er weiß, dass seine Eltern ihn lieb haben, nur wäre es ab und zu schön, dies auch zu hören. So ist das mit jungen Geschwistern. Sobald sie da sind, gehen Eltern davon aus, dass man der Große ist. Sätze wie: „Du solltest es besser wissen, du bist der ältere!“ Oder: „Tim braucht mich gerade, du kannst das auch allein, oder?“, sind Leons neue Begleiter geworden.

Gerne würde er antworten: „Nein, ich kann das nicht allein. Ich brauche euch. Ich bin noch zu jung, um allein gegen die Welt anzukämpfen! Ich tu nur so, als wäre ich schon groß!“ Doch Leon sagt nichts von alledem, denn er möchte, dass Tim Mama und Papa so kennenlernen kann wie er, damit er sehen kann, wie toll sie eigentlich sind. Er will seine Eltern schon mit ihm teilen. Bloß nicht ständig.

Leon hofft, dass gleich die Tür aufspringt und Emily mit ihrem Dauergrinsen seinen Tag rettet, doch als sie endlich aufgeht, steht ihre Mutter da und sieht Leon mitfühlend an.

„Hallo Leon. Tut mir leid, Emily ist krank, sie kommt heute nicht zur Schule.“

Als die Türe ins Schloss fällt, dreht sich Leon um und macht sich allein auf den Weg. Es fühlt sich an wie der Weg in die Apokalypse. Wie zur Hölle soll man einen Tag in der Schule ohne die beste

Freundin überstehen? Leon weiß die Antwort. Man übersteht ihn nicht.

Er kommt in der Schule an und versucht, sich so klein und unsichtbar wie möglich zu machen. Es gelingt ihm leichter als gedacht, denn normalerweise erhellen alle Gänge und Räume durch Emilys Lachen, doch heute ist alles kahl und dunkel und er schleicht sich von Stunde zu Stunde.

Als es zur großen Pause läutet, hat Leon es fast geschafft, denn heute Nachmittag ist schulfrei. Er läuft entlang der Schatten und will sich unbemerkt auf eine leere Bank setzen, als ihn ein Fußball hart in den Rücken trifft. Wie das mit Tagen ist, an denen die ganze Welt gegen 13-Jährige ist, schafft es Leon nur fast, unsichtbar zu sein.

„Sorry, dachte, du bist ein Torpfosten, siehst ja fast gleich aus!", lacht der Junge, der den Ball gekickt hat.

Leon weiß, dass der Ball gleich nochmals trifft, denn diese Jungs suchen ein Opfer und Leon sucht keinen Streit, was ironischerweise für Idioten dasselbe ist. Und das sind Idioten, beschließt Leon. Gerade als er mit seinem Gehirn diskutiert, ob es klüger ist, zu rennen oder einfach die Augen zu schließen und versuchen, das Gesicht zu schützen, hört er den Jungen rufen: „Hei, her mit dem Ball, du kleine Ratte! Los hinterher!"

Leon versucht zu verstehen, was gerade passiert ist, als die ganze Idiotengruppe losrennt und dann keuchend stehen bleiben, um Luft zu schnappen. Der Balldieb ist zu flink für sie. Er lacht und rennt zu seiner eigenen Gruppe, als hätte er keine einzige Sorge. Erst da sieht Leon, wer der Junge ist. Tim hält beschwichtigend die Hände in die Luft und lässt die Idiotengruppe auch mitkicken und der Streit scheint vergessen. Genau wie Leon. Kurz schaut Tim über seine Schulter und zwinkert ihm zu.

Man kann die Schule nicht allein überstehen. Man braucht beste Freunde. Oder einen Bruder wie Tim. Was, wie Leon findet, manchmal dasselbe ist.

Die letzten Stunden sitzt Leon ungeduldig ab, bis die Glocke ihm die ersehnte Freiheit schenkt. Er ist aus dem Gebäude, bevor die meisten ihren Rucksack gepackt haben.

Großen Gesten gebühren große Antworten, deshalb verlangsamt er seine Schritte, um auf Tim zu warten. Auf dem Nachhauseweg reden sie nicht über Fußbälle im Rücken oder Idioten oder großartige Brüder. Sie sind neun und 13 Jahre alt, sie brauchen keine Worte dafür.

Als sie nach Hause kommen, riecht es nach Pizza. Man kann sagen, was man will, aber es ist verdammt schwer, wütend zu sein, wenn es nach Pizza riecht.

Ihre Mutter begrüßt sie mit einem Lächeln und sagt: „Leon, du warst heute so niedergeschlagen und Emilys Mutter rief an und sagte, dass Emily nicht fit ist, und fragte nach dem Wickel, der dir geholfen hat, als du krank warst. Sie hat dir bestimmt gefehlt heute, deshalb habe ich mir gedacht, ich mache dein Lieblingsessen und danach gehen wir zusammen ins Fliegermuseum, das du so liebst, wie klingt das?"

Leon weiß nicht, wie er ihr sagen soll, wie wundervoll er das findet, deshalb sagt er: „Toll!" Und hofft, dass sein Lächeln sagt: „Ich liebe dich, Mama."

Man hat viele Gründe, wütend zu sein, wenn man 13 Jahre alt ist. Doch wenn man Leon fragt, gibt es auch genug Gründe, es nicht zu sein. Seine Familie zum Beispiel. Und Pizza. Pizza ist definitiv ein Grund.

*Ich bin **Claudia Tadic**, 38 Jahre alt, fühle mich aber meistens wie 12. Ich lebe in der Schweiz und im Alltag bin ich Lokführer. Ich liebe es, Dinge zu schreiben, die man fühlen, nicht nur lesen kann.*

Unser ganz normaler Weihnachtswahnsinn

Weihnachten, das ist das Fest der Liebe, der Besinnlichkeit und des Friedens, von Lichterglanz und ganz viel Lametta.

Nicht so bei uns!

Lametta ja, Besinnlichkeit und Frieden – nein. Das ging schon mit der Auswahl des richtigen, des perfekten Weihnachtsbaums los. Keiner war gut genug. Der eine war zu groß, der andere zu breit und raumgreifend für die gute Stube. Es ist ein Wunder, dass wir es überhaupt jedes Jahr geschafft haben, am Heiligabend einen Weihnachtsbaum zu haben. Der war dann natürlich der schönste Baum, den wir je hatten.

War dieses Problem gelöst, taten sich schon die nächsten Fallstricke für die weihnachtliche Harmonie auf: das korrekte Anbringen der Lichter. Eine Wissenschaft für sich, die mein Vater vortrefflich beherrschte. Nur meine Mutter sah noch Luft nach oben und gab Anweisungen, wie es ihrer Meinung nach noch besser aussehen könnte. Ich verzog mich bei diesen Vorbereitungen lieber in mein Zimmer, um mir meine weihnachtliche Vorfreude nicht zerstören zu lassen.

So stimmungsvoll die Adventszeit bei uns auch war, so ernüchternd verliefen die Vorbereitungen auf das Fest und der Heilige Abend selbst. Waren die Klippen der Zwietracht, was Baumkauf und Lichteranbringung betraf, umschifft, tauchte ein weiterer Anlass für Meinungsverschiedenheiten auf: das Festmahl an Heiligabend.

Nun ist es in und um Bremen Tradition, dass am Heiligen Abend Kartoffelsalat und Würstchen auf den Tisch kommen, um die Hausfrau in dieser arbeitsreichen Zeit zu entlasten. Einen Braten gibt es dann am ersten Weihnachtstag. Das ist bei uns heute immer noch so. Ein Umstand, der meinen portugiesischen Schwiegersohn mit Fassungslosigkeit über eine derartige Geschmacksverirrung zum Feste des Herrn erfüllte.

Waren sich meine Eltern, meine Oma und ich in diesem Punkt absolut einig, plädierte mein Onkel für Karpfen blau und meine Tante für Gänsebraten. Aber es blieb, wie es immer war, und Karpfen und Gans behielten ihr Leben.

In einem zumindest waren sich alle einig: Niemanden zog es in die Kirche, um dem Christkind seine Aufwartung zu machen. Ich habe meine Eltern überhaupt nur ein einziges Mal in der Kirche gesehen – und das war bei meiner Konfirmation. Waren all diese Dinge geklärt, konnte der Heilige Abend kommen.

Der 24. Dezember lief nach immer demselben Ritual ab. Am frühen Nachmittag unternahm meine Mutter mit mir einen Spaziergang, damit sich mein Vater als Weihnachtsmann betätigen und die Geschenke unter den Baum legen konnte. Dieser Brauch hatte sich mit der Enttarnung des weißbärtigen alten Mannes als Fantasiefigur erledigt und ich konnte entspannt auf dem Sofa *Wir warten aufs Christkind* schauen und mich auf meine Geschenke freuen.

Wenn es draußen zu dämmern begann, gab es eine mächtige Schwarzwälder Kirschtorte, selbst gebacken von meiner Oma. War der letzte Bissen verzehrt, war das der Startschuss zum Geschenkeauspacken. Nach vielen Ohs und Ahs und dem nicht wirklich ernst gemeinten: „Das solltest du doch nicht!“, fanden wir uns in kürzester Zeit in Bergen von hektisch aufgerissenem Geschenkpapier wieder. Nur meine Oma und meine Mutter falteten ihres sorgfältig und so lagen Geschenke oft jahrelang in altbekanntem Papier unterm Baum.

Hatten sich alle ausgiebig über ihre Geschenke gefreut, stärkten wir uns erst einmal mit Kartoffelsalat und Würstchen. Ich aß mindestens drei Bockwürste und langte auch beim Salat kräftig zu, bis mir leicht schlecht war. Der Geruch der Zigarre meines Opas, die er sich nach dem Essen ohne Rücksicht auf meine zarte Gesundheit anzündete, als die Erwachsenen zu Bier und Sekt übergegangen waren, tat ein Übriges, sodass ich mich regelmäßig in der Heiligen Nacht übergeben musste. Noch heute würgt es mich beim Geruch von Zigarren.

In feuchtfröhlicher Stimmung spielten die Erwachsenen *Schwarzer Peter* mit mir und ich durfte dem Verlierer mit Kerzenruß einen schwarzen Punkt auf die Nase malen. Ich war das einzige Kind in unserer Familie und das war auf Familienfesten sehr langweilig. Ich wünschte mir inständig, ich wäre Lisa oder Inga und würde lustige *Weihnachten in Bullerbü* verbringen und mit Lasse, Bosse, Ole und der kleinen Britta um den Weihnachtsbaum tanzen.

Irgendwann hatten die Erwachsenen keine Lust mehr, mit mir zu spielen, und fingen an, sich über Politik zu unterhalten, was sie sehr laut und je später der Abend umso aufgebrachter taten. Die Frauen in der Runde versuchten zu beschwichtigen und schenkten Eierlikör in kleinen Gläsern aus. Zur Feier des Tages bekam auch ich ein halbes Gläschen eingeschenkt, was das Durcheinander in meinem Magen – ich hatte bereits meinen bunten Teller mit Marzipankartoffeln und Spekulatius ordentlich geplündert – nicht besser machte.

Und dann, einige Eierliköre später, begann alle Jahre wieder der Höhepunkt des Abends. Mein Onkel Werner, das schwarze Schaf der Familie, begann Witze zu erzählen. Die Männer klatschten sich auf die Schenkel vor Lachen, die Mienen der Frauen verzogen sich, als hätten sie in eine Zitrone gebissen, und meine Mutter rief empört mit Blick auf mich: „Werner, hör auf mit den schmutzigen Witzen!"

Aber ich verstand sowieso nichts und freute mich schon auf den nächsten Teil des Abends, der auch nicht lange auf sich warten ließ. Hauptperson dieses letzten Akts war jedes Jahr die *Haushälterin* meines Onkels, wie er sie uns vorgestellt hatte. Ich fand, sie hatte recht wenig von einer Haushälterin. Sie sah schicker aus als die weiblichen Familienmitglieder, die sie und ihren ansehnlichen Busen, der keck aus dem XXL-Ausschnitt ihres engen Pullovers wogte, stets etwas abfällig beäugten.

Ich habe bis in meine Zwanziger nicht kapiert, dass es sich bei der *Haushälterin* meines Onkels um seine Lebensgefährtin handelte. Eine wilde Ehe – damals undenkbar.

Besagte Haushälterin hatte dem Alkohol reichlich zugesprochen und begann zu fortgeschrittener Stunde, sich zum Klang der besinnlichen Weihnachtslieder vor unserem makellosen Weihnachtsbaum hin und her zu wiegen. Dabei musste ihr wohl warm geworden sein, denn sie versuchte, sich ihres Pullovers zu entledigen, unter dem deutlich erkennbar ein schwarzer Spitzen-BH zum Vorschein kam. Das war der Punkt, an dem die Stimme meiner Mutter einen hysterischen Klang annahm und ich umgehend ins Bett geschickt wurde.

Über der Kloschüssel hängend, den Blick angewidert auf die großen Stücke Bockwurst gerichtet, die sich unschön mit dem Marzipan und der Sahnetorte vermischt hatten, lauschte ich dem letzten Akt des Weihnachtsdramas, den sich überschlagenden weiblichen Stimmen, die ihre Missbilligung lautstark zum Ausdruck brachten.

Einmal endete das Ganze mit einem lauten Knall, als die *Haushälterin* ob ihres Alkoholkonsums in unseren perfekten Baum gefallen und diesen niedergerissen hatte. Am Heiligabend darauf saß Onkel Werner dann ohne Begleitung unterm Weihnachtsbaum.

***Ulla Tesch** ist 1955 in Bremen geboren und hat Deutsch, Darstellendes Spiel und Geschichte an einer Oberstufe in Bremerhaven unterrichtet. Davor war sie mehrere Jahre als Texterin tätig und hat Denkmalführer zu Bremer Sehenswürdigkeiten sowie ein Buch über Knoops Park in Bremen-Nord verfasst. Heute lebt und schreibt sie in Wien. Neben frühen Gedichtveröffentlichungen sind einige ihrer Prosatexte in verschiedenen Anthologien erschienen.*

Eheringe auf Abwegen

Sandra und Ben hatten für ihre Hochzeit im Mai die schnuckelige Kirche in Ligerz ausgesucht. Ihre beauftragte Floristin hatte sämtliche Bänke mit kleinen Blumensträußen versehen. Ein Blumenbogen war über den Stühlen des Brautpaares gespannt und der Altar war mit Arrangements verziert. Alles war in Weiß-, Rosa- und Lilatönen gehalten. Die Floristin hatte sich selbst übertroffen.

Sandra schritt an der Seite ihres Vaters den Mittelgang entlang. Ihre Augen glänzten, als sie Ben beim Altar warten sah.

Ihr Vater legte ihre Hand in diejenige von Ben und klopfte ihm auf die Schulter. Sandra gab er einen Wangenkuss und setzte sich in die erste Reihe zu seiner Frau.

Sandra und Ben sahen sich tief in Augen und lächelten aus purer Freude. Sarah war in einen Traum aus Weiß mit langem Schleier gekleidet und er in einem Smoking. Alle Blicke der geladenen Gäste waren auf das Paar gerichtet.

Nach einigen Minuten entstand unter den Gästen ein Gemurmel. Sie verstanden nicht, warum es nicht weiterging. Doch jemand fehlte. Die zweijährige Sophie, die mit den Eheringen den Gang entlanglaufen sollte. Weitere Minuten verstrichen. Sandra und Ben sahen sich an und wurden immer ungeduldiger.

Ben hatte Sophie, sein Patenkind, vorhin beim Eingang gesehen. Vor Ort war sie also. Jedenfalls irgendwo.

Dann endlich erschien sie mit ihrer Mama am Ende des Ganges. Wie süß sie in ihrem Kleidchen aussah. Mit ihren Locken glich sie einem Engel. Das kleine Kissen mit den Ringen hielt sie in ihren kleinen Händen. Erleichtert atmeten Sandra und Ben aus. Doch anstelle zügig den Mittelgang entlangzugehen, hielt Sophie bei jeder Bankreihe und zeigte voller Stolz die Ringe. Nach gefühlten Stunden war die Kleine beim Brautpaar angekommen.

Der Pfarrer streckte die Hand nach dem Kissen und fragte: „Dürfte ich die Ringe haben?“

Sophie schüttelte den Kopf und versteckte sich unter dem Schleier von Sandra. Diese schrie auf, da es im Haar ziepte.

Der Pfarrer versuchte es erneut – keine Chance.

„Sophie-Schatz, gibst du mir bitte das Kissen?", fragte Ben.

„Nein!", schrie die Kleine und rannte den Gang zurück. Was den Gästen ein Lachen entlockte. Zum Glück stand Sophies Mama dort und nahm sie an die Hand. Gemeinsam gingen sie zurück zum Altar.

„Und nun gibst du deinem Paten Ben die Ringe. Du kriegst das Kissen danach zurück", sagte Sophies Mama.

„Nein!" Sophie schüttelte den Kopf.

„Möchtest du die Ringe halten, wenn ich sie segne?", fragte der Pfarrer.

Sophie nickte freudig. Strahlend hielt sie das Kissen hin.

„Herr, segne diese Ringe und gewähre, dass Sandra und Ben sie mit tiefem und festem Glauben tragen werden. Der Kreis des Ringes drückt die Einheit und Einigkeit eurer beiden Leben aus, die eure Hingabe über jede Reise hinaus festhalten soll, damit ihr immer wieder zu eurer Zweisamkeit zurückkehren könnt."

Mit dem Heiligen Wasser segnete der Pfarrer die Ringe. Dabei wurde Sophie von ein, zwei Tröpfchen im Gesicht getroffen. Von da an waren die Ringe nicht mehr wichtig. Sie drückte das Kissen ihrem Paten in die Hände und rannte davon.

Ein freudiges Gelächter erfüllte die Kirche. Und danach wurden Sandra und Ben endlich getraut.

***Heidi Engel** wurde 1984 geboren und wuchs in Plasselb auf. Heute arbeitet sie in Burgdorf als Projektleiterin von Werkleitungsprojekten und ist der Liebe wegen ins Emmental gezogen. Es gibt bei ihr keinen Tag, an dem sie nicht ein Buch zur Hand nimmt und liest. Ein Tag ohne Lesen ist wie Atmen ohne Luft. Das Schreiben von Büchern war schon immer ein Traum von Heidi Engel. Mit „Herzpurzelbäume" ging dieser in 2023 in Erfüllung. 2024 folgte bereits das nächste Buch. Die Liebesromane von Heidi Engel spielen in den ihr bekannten Regionen. Dadurch fühlen sich ihre Leser-innen direkt mit der Gegend verbunden.*

Die gestohlenen Schlüssel

„Meine Mutter ist wirklich schon sehr verwirrt!“ Nachdenklich streiche ich Cantadou aufs Brot und trinke einen Schluck Kaffee.

„Weshalb meinst du?“, fragt mich Reto.

Ich seufze: „Sie redet zusammenhangloses Zeugs und denkt, dass man ihr die Hausschlüssel weggenommen hat.“

Reto schaut mich belustigt an und meint dann, dass das halt in ihrem Alter schon fast normal sei. Er hat ja recht, nur – es frustriert mich, dass ich mit meiner Mutter kein normales Gespräch mehr führen kann.

Am Sonntag feiern wir den Geburtstag meiner Mutter im Pflegezentrum. Wir haben den hinteren Raum der Cafeteria gemietet. Als ich am Morgen in ihr Zimmer komme, ist sie völlig aufgelöst: „Na, da kommen Sie ja gerade rechtzeitig!“, begrüßt mich Mama.

„Guten Morgen, Mama! Was ist passiert?“

„Ich soll dieses Blumenkleid anziehen, aber das gehört mir doch gar nicht! Außerdem gefällt es mir nicht!“

„Mama, das ist dein Lieblingskleid, das du dir für den letzten Geburtstag gekauft hast. Wir waren doch extra zusammen in der Stadt – damals.“

„Papperlapapp! Dieses Kleid ziehe ich nicht an! Ich will die Bluse mit den gelben Narzissen und eine schwarze Hose!“

Ich schaue in ihrem Schrank nach, finde aber keine entsprechende Bluse. Auch die Pflegerin weiß nichts davon. Ich zeige Mama eine Bluse nach der anderen, bis sie mit den rosa Blüten einverstanden ist.

„Wir sollten uns beeilen, die anderen warten sicher schon.“

„Wer wartet?“

„Na, die eingeladenen Gäste! Franz und Helene, Helmut und Ruth mit den Kindern und natürlich Ludwig. Reto hat nur noch das Auto umparkiert, danach kommt er auch gleich zu uns.“

„Ludwig?“ Unsicher schaut meine Mutter von ihrem Rollstuhl auf.

„Ludwig! Dein Mann!“

„Wie geht es Rocco?“

„Wer ist Rocco?“, frage ich leicht genervt und helfe meiner Mutter in die Bluse.

„Sie haben mir die Schlüssel weggenommen!“

„Welche Schlüssel?“, will ich wissen.

„Na, die Hausschlüssel!“

„Die kommen sicher bald wieder zum Vorschein. Komm, Mama, jetzt gehen wir zu den anderen!“

„Feiern wir ein Fest?“

„Ja, Mama, du wirst heute fünfundachtzig Jahre alt!“

Es ist mir unendlich peinlich, dass ich die Pflegerin wegen einer Bluse herumgescheucht habe, und ich bin froh, dass wir endlich mit dem Lift ins Erdgeschoss fahren. Die ganze Gästeschar wartet schon in der Cafeteria, als wir eintreffen.

„Happy birthday to you!“, tönt es schon von Weitem aus vollen Kehlen. Vor allem die Stimme von Franz ist deutlich herauszuhören. Er hat wohl schon wieder zu tief ins Glas geschaut. Dabei ist es doch erst halb zwölf!

„Einen Toast auf unsere Schwester, Mutter, Oma und Ur-Oma!“, lässt er lautstark verlauten und kippt bei der Umarmung fast den Inhalt des Sektglases über Mamas Schoß. „Du alte Schachtel hast dich gut gehalten!“

Seine Frau Helene stupst ihn an und zischt: „Nun benimm dich doch. So spricht man nicht mit seiner Schwester! Und hör endlich auf zu saufen!“

Ich schiebe Mama in den kleinen Saal und platziere sie am oberen Ende des Tischs. Ludwig setzt sich neben sie und hält ihre Hand wie ein frisch verliebter Teenager. Mein Papa hat immer zu Mama gehalten. Er besucht sie jeden Tag, seit sie im Pflegezentrum ist. Dass sie zunehmend verwirrt ist, scheint ihn nicht zu kümmern.

Nach dem Mittagessen schlage ich einen kleinen Verdauungsspaziergang vor. Außer Franz sind alle begeistert; vor allem die Urenkel wollen endlich nach draußen in den Tierpark. Ludwig hält sich am Rollstuhl von Mama fest und ich schiebe. Die Kinder rennen voraus – der Rest der Truppe schließt sich uns an.

Es ist ein lauer Frühlingstag, erfüllt vom Duft von Primeln und Hyazinthen. Mama entspannt sich zusehends und genießt den Aufenthalt im Freien, als uns plötzlich drei Alpakas entgegenrennen.

Hinterher hüpft Mia, die Älteste, und ruft: „Die Wuscheltiere sind los! Haltet sie auf!“

Franz stellt sich dem ersten Alpaka in den Weg, aber das rast ungehindert an ihm vorbei. Erst das letzte Tier kann er gerade noch so am Halfter packen. Siegesgewiss stolziert er in Richtung Gehege und knurrt Mia an: „Hast du die rausgelassen? He?“

Schuldbewusst hält Mia ihm das Tor auf und Franz kann mit dem Alpaka ins Gehege gehen. In diesem Moment steigt das Tier auf die Hinterhand, spuckt Franz ins Gesicht und stößt ihn in den Ententeich. Wir können uns kaum mehr halten vor Lachen und Mama äußert lakonisch: „Wer zu viel in sich hineinleert, wird auch von außen nass.“ Wo sie recht hat, hat sie recht.

Zum Glück verläuft der Rest der Feier ohne Zwischenfälle. Ludwig und ich begleiten Mama zum Schluss in ihr Zimmer. Da schaut sie ihren Ludwig ernst an und fragt: „Haben Sie meine Schlüssel gestohlen?“

Buora Buonder *(1963) lebt in der Schweiz und schreibt Geschichten für Erwachsene und Kinder in verschiedenen Genres. Diese wurden zum Teil in Anthologien veröffentlicht. Zurzeit arbeitet sie an ihrem ersten Roman.*

Vornehm geht die Welt zugrunde

Ich freute mich riesig, dass ich mit meinen Eltern zur Geburtstagsfeier meiner ach so feinen Tante Inge, noch dazu in ein pikfeines Restaurant, gehen durfte. Herausgeputzt, in meinem feinen weißen Sonntagskleid und nach den strikten Anweisungen meines Vaters, wie ich mich zu benehmen habe, ging es dann ab ins Auto.

Während der halbstündigen Fahrt schaute ich aus dem Fenster. Meine Eltern unterhielten sich darüber, ob das Geschenk, welches sie besorgt hatten, auch den Ansprüchen von Inge genüge. Ich dachte damals nur: „Komisch, ich freue mich über jedes Geschenk, wichtig ist doch, dass man an mich denkt."

Aber na ja, Tante Inge war ja ein Kapitel für sich. Eigentlich konnte ich sie recht gut leiden, wenn ich bei ihr war und eine Frage hatte, so bekam ich auch immer eine Antwort, die ich verstand, anders wie bei meinem Vater, der nie Zeit für mich hatte. Doch sie hatte auch so ihre Marotten. In ihrem wunderschönen großen Haus lagen überall dicke Teppiche mit blöden Fransen, die immer in Reih und Glied lagen, aber wehe, wenn man darüber lief und eines der doofen Dinger nahm eine andere Richtung ein. Sofort und unverzüglich erschien dann mein Onkel Günther mit einem kleinen Kamm und brachte die Fransen wieder dahin, wo sie hingehörten. Gesagt hat er nie was, aber sein Gesicht sprach trotzdem Bände. Doch die Fransen und alles drumherum war mir egal, ich freute mich einfach nur auf das Restaurant und darauf, dass ich mir selbst etwas Leckeres aussuchen durfte. Das hatte Tante Inge mir versprochen.

Vater hatte einige Mühe, einen geeigneten Parkplatz zu finden, damit ja kein anderer Autofahrer sein Schmuckstück von Wagen beim Ein- oder Ausparken beschädigte. Doch dann hatte er endlich den richtigen Platz gefunden, wir stiegen aus und marschierten, ich natürlich links von Mutter und rechts von Vater flankiert, in den Laden.

Tante Inge wurde gebührend begrüßt und zu ihrem Ehrentag beglückwünscht, dann kamen die anderen Gäste, die schon an ihrem Platz saßen, dran. Es gab erst einmal ein Glas Sekt für die Erwachsenen und für uns Kinder gab es Orangensaft. Das Zeug schmeckte ziemlich sauer. Als ich das Gesicht verzog, bekam ich einen Blick von meiner Mutter zugeworfen, der wie immer von ihrer Herzenswärme voll war. Nämlich der einer Kühltruhe.

Nichtsdestotrotz ging das Prozedere dann weiter. Der Ober brachte die Karten, es wurde ausgewählt und bestellt. Da ich eigentlich selbst aussuchen durfte, entschied mein Vater, ich solle ein Kinderschnitzel mit Gemüse und Kartoffeln essen. Ich dachte nur: „Na super, der kapiert auch nie, dass ich kein Fleisch von Tieren will." Doch ich hatte ja die strikte Anweisung, mich zu benehmen, also hielt ich meinen Mund. Die Erwachsenen plapperten dann durcheinander, was mich nicht die Bohne interessierte.

Toll fand ich eher das Gesicht von Tante Inge, die ihre Geschenke während der Zeit des Wartens auf ihr Essen auspackte. Man konnte ihr ansehen, welches ihr zusagte und welches sie als nächstes weiter verschenken würde. Das war so ihre Masche, was nicht gefiel, bekam ein anderer, dabei konnte es durchaus passieren, dass derjenige sein Geschenk wiederbekam.

Nach einer für mich endlosen, mit knurrendem Magen, langen Wartezeit kam das Essen. Ich schaute so in die Runde, es schienen alle zufrieden zu sein mit dem, was sie bestellt hatten.

Da ich direkt neben dem Geburtstagskind, wenn man zu einer uralten Vierzigjährigen noch Kind sagen konnte, saß, bekam ich natürlich live und in Farbe mit, was sie sich bestellt hatte.

Tante Inge und ihr Gatte, Onkel Günther, hatten sich eine Geflügelplatte mit Spargel, anderem Gemüse, Kartoffeln, Kroketten und Soße Hollandaise bestellt. Ihnen wurde selbstverständlich vom Ober aufgetan. Wir niederes Fußvolk bekamen unser Essen auf einen Teller vor die Nase gesetzt.

Dieses ganze Oh und Ah über die Speisen war mir so zuwider, dass ich am liebsten aufgestanden und nach Hause marschiert wäre. Ging aber nicht, der Weg war zu weit, mein Vater hätte getobt, meine Mutter ihre gute Erziehung vergessen und ich hätte wahrscheinlich für den Rest meines Lebens Stubenarrest bekommen. Also blieb ich und ließ dies über mich ergehen.

Ich aß, trotz meines Hungers, den ich die ganze Zeit verspürte, nur etwas von Gemüse und eine halbe Kartoffel. Tante Inge, die das natürlich bemerkte, meinte nur, dass es noch leckeren Nachtisch gäbe. Ich strahlte sie an, damit war das auch erledigt.

Sie widmete sich dann wieder ihrem Geflügel. Es war für mich schon sehr verwunderlich, dass sie, die sonst so viel Wert auf Etikette legte, sich das Federvieh bestellt hatte. Das aß man ja mit den Fingern, laut Herrn Knigge. Nun gut, sie machte ja auch reichlich Gebrauch von den Servietten, die auf dem Tisch lagen. Dann waren alle Gott sei Dank fertig.

Der Ober kam mit einer kleinen Schüssel und einem weißen Tuche über dem Arm zu meiner Tante und reichte ihr die Schüssel. Tante Inge schaute zuerst den Mann an und dann die Schüssel. Ich konnte erkennen, dass in ihrem Gehirn etwas ratterte.

Dann nahm sie die Schüssel kurz entschlossen in beide Hände und trank das Wasser zum Entsetzen des Obers aus, nahm das weiße Tuch und trocknete sich ihren Mund ab. Ich sah zu meinem Onkel Günther, der war blass wie die Wand hinter ihm. „Was ist jetzt denn los?", dachte ich noch, als plötzlich die Schwester von Inge nicht mehr an sich halten konnte und loslachte, dass ihr die Tränen in die Augen kamen. Das war so ansteckend, dass alle anderen Gäste dann auch lachten.

Nur Inge, die lachte nicht. Mit hochrotem Kopf saß sie da wie ein geprügelter Hund, nachdem ihr Gatte ihr etwas ins Ohr gesagt hatte. Damit der Ober keinen Krankenwagen rufen musste, weil einige Gäste einen Lachkrampf erlitten, brachte er schnellstens den Nachtisch – Eis mit heißen Kirschen. Zur Verdauung gab es dann noch irgendeinen Schnaps.

Während der ganzen Zeit nach dem Fauxpas meiner Tante herrschte wieder eiserne Etikette am Tisch. Ich war froh, als es endlich nach Hause ging. Im Wagen sprachen meine Eltern über das Missgeschick meiner Tante so, als wäre der nächste Weltuntergang in Sicht. Meine Mutter fand es von Inge absolut unter ihrer Würde, sich so gehen zu lassen, um sich so dermaßen zu blamieren. Vater war natürlich ihrer Meinung und ich wusste mal wieder nicht, was sie damit zum Ausdruck bringen wollten.

Wie sollte ich auch, ich war erst fünf Jahre alt. Den Knigge hatte ich noch nicht gelesen, da mir diese Fähigkeit noch nicht geläufig war. Heute jedoch weiß ich, dass die Schüssel mit dem Wasser für das Reinigen der Finger, die während des Essens mit selbigem fettig geworden waren, bestimmt war und nicht zum Trinken.

Wenn ich an meine Tante Inge denke, kommt mir heute noch sofort die Szene im Restaurant vor mein geistiges Auge und ich muss lachen. Schließlich geht die Welt vornehm zugrunde, wie sie immer betonte. Nur wer den Knigge nicht kennt, kann in der Welt bestehen. Na, wenn das so ist: Prost, Tante Inge.

***Olyvia Noak-Christ**, Jahrgang 1957, lebe bei Bremerhaven, verheiratet, drei Hunde. Nach dem Ausscheiden aus dem Lehrerberuf habe ich Freiraum für ihre Kreativität. Ich schreibe mir großer Begeisterung Kurzgeschichten, davon gibt es schon einige Veröffentlichungen, ich male gern, bin sehr gern in der Natur unterwegs mit meinen Fellnasen.*

Die Geburtstagskarte

Am Freitagabend, also am Abend vor ihrem Geburtstag, geht sie zur gleichen Zeit ins Bett wie immer. Mama und Papa kommen zusammen, um Marie eine gute Nacht zu wünschen und um ihr einen Gutenachtkuss zu geben.

Am nächsten Tag, es ist Sonnabend, hat Marie keine Schule. Toll. Pünktlich zur Kaffee- bzw. Kakaozeit stellen sich alle Gäste ein. Alle sind ganz pünktlich. Nur Tante Elsbeth, die es eigentlich gar nicht so weit hat, die kommt zu spät. Aber egal, nun ist sie endlich da, konnte gratulieren, ihr Geschenk dem Geburtstagskind überreichen und am Tisch Platz nehmen. Als ihr erstes Stück Kuchen auf dem Teller nicht mehr zu sehen ist, weil sie es schon weggegabelt hat, erbittet sie sich ein zweites Stück. Auch das ist nach kurzer Zeit verputzt – samt Schlagsahne.

„So, nun wollen wir aber mal deine Geschenke und deine Geburtstagskarten sehen“, fordert Tante Elsbeth Marie auf.

Na, das lässt sich Marie nicht zweimal sagen. Ein Geschenk nach dem anderen wird aus dem Papier gewickelt.

Nach dem Auspacken der Geschenke bittet Tante Elsbeth Marie: „Jetzt wollen wir aber auch noch die Karten sehen.“

Marie holt den Stapel von Briefen und Karten, die sie bekommen hat, und Tante Elsbeth liest Brief für Brief und Karte für Karte laut vor.

Plötzlich klingelt es an der Tür.

„Nanu“, denkt Marie, „wer soll denn das noch sein, sind doch alle hier, die eingeladen wurden.“

Sie öffnet vorsichtig die Tür und vor ihr steht ein kleiner Junge, den sie hier noch nie gesehen hatte. In seiner Hand hält er einen Briefumschlag. „Den soll ich dir geben“, sagt er mit leiser Stimme.

Marie nimmt den Umschlag, der Junge dreht sich um und rennt eilig weg. Marie will ihn noch fragen, wer er ist und woher er den Brief hat, aber das geht nicht mehr. Der Junge ist verschwunden.

Marie schließt die Tür und geht zurück ins Zimmer. Hier muss sie erklären, wer da soeben geklingelt hat und von wem der Brief ist.

„Ich weiß nicht, wer das war", sagt sie, „ich weiß auch noch nicht, von wem der Brief ist."

„Na, dann gib ihn mal her", sagt Tante Elsbeth. „Ich werde ihn euch mal vorlesen."

Tante Elsbeth öffnet den Briefumschlag. „Merkwürdig", sagt sie, „hier ist ja auf dem Briefumschlag gar kein Absender vermerkt." Sie fasst mit zwei Fingern die im Umschlag befindliche Karte und zieht sie heraus. Dann schaut sie kurz auf das Bild und hält die Karte hoch, damit alle Gäste das Bild auch sehen können. Sie steckt dann den Daumen ihrer linken Hand zwischen die beiden Seiten der Karte und öffnet sie.

In diesem Augenblick erklingt aus der Karte heraus das Geburtstagslied *Happy birthday to you.* Tante Elsbeth findet das zuerst ganz lustig – eine Karte, aus der Musik kommt. Aber dann beginnt sie zu singen, einfach laut zu singen. Das Verwunderliche ist, dass sie mit dem Singen nicht mehr aufhören kann. Sie gibt vor lauter Schreck darüber die Karte weiter an Marie und auch die beginnt sofort das Geburtstagslied zu singen und kann nicht mehr aufhören. Sie reicht die Karte weiter an ihre Mama und auch sie wiederum beginnt zu singen. Jeder, der die Karte in die Hand bekommt, beginnt zu singen und kann nicht mehr aufhören. Schließlich singen alle ununterbrochen *Happy Birthday to you.*

Jeder schaut zu seinem Gegenüber oder Nachbarn und aus ihren Blicken kann man erkennen, dass sie fragen wollen, wie denn der Gesang gestoppt werden kann. Einmal, vielleicht auch zweimal singen ist ja schön, aber nun könnte auch Schluss damit sein.

Aber wie?

Papa hat eine Idee. Er klappt die Karte zu, legt sie auf den Kaffeetisch und schlägt mit der Faust auf sie. Das Einzige, was passiert, ist, dass der Deckel auf der Kaffeekanne fürchterlich klappert. Mehr nicht. Aus der Karte erklingt immer noch die Melodie und alle Gäste singen unentwegt.

„Das ist ja wie verhext", denkt sich Papa. Und auch Marie kann sich das anders gar nicht erklären, als dass die Karte verhext sein muss. Warum zum Teufel hört die Melodie nicht auf? Den Gästen stehen inzwischen vom anstrengenden Singen die Schweißperlen auf der Stirn. Dann nimmt Marie die Karte nochmals in die Hand und dreht sie um. Das hatte nämlich noch keiner getan. Und was liest sie während des Singens dort?

Zum Beenden des Liedes klappe einfach die Karte anders herum wieder zu.

Marie tut das auch sofort. Und tatsächlich, die Melodie verstummt und die Gäste beenden augenblicklich das Singen. Mitten im Wort. Sie schauen sich mit hochroten Gesichtern und durchgeschwitzt an. Inzwischen haben sie nämlich befürchtet, sie müssten nun bis an ihr Lebensende dieses Geburtstagslied singen.

„Na, das ist ja ein Ding", sagt Papa, „die Karte ist wohl verhext?"

Gerade als sich Marie zu Mama umdreht und fragen will, ob sie noch etwas Kakao bekommen könne, merkt sie, dass etwas ihr Gesicht berührt. Es ist die Hand von Mama. Sie streichelt Maries Gesicht.

„Nanu", denkt Marie, „habe ich das alles nur geträumt, das mit der verhexten Karte und dem Singen der Gäste?"

Ja, es war nur ein Traum.

***Charlie Hagist** wurde 1947 in Berlin-Steglitz geboren. Nach Grund- und Oberschule absolvierte er eine Ausbildung zum Bankkaufmann. Während seiner Tätigkeit in der Personalabteilung des Hauses bildete er sich zusätzlich zum Personalfachkaufmann (IHK) weiter. Ehrenamtlich war er als Richter am Amtsgericht Berlin-Tiergarten, am Sozialgericht Berlin und danach am Landessozialgericht Berlin tätig. Charlie Hagist ist verheiratet, hat einen Sohn.*

Abi 68

Meine geliebte Mutter – liebenswürdig, originell und chaotisch. Dass diese Frau jemals einen Zug bekommen oder einen wichtigen Termin pünktlich wahrgenommen hat, kann man nicht glauben. Jedenfalls nicht, wenn man mit ihr zusammengelebt hat. Sie hat es trotz allem – oder vielleicht gerade deswegen – geschafft, 90 Jahre alt zu werden.

Ich bin ihr mein Leben lang dankbar gewesen, dass sie trotz ihrer spärlichen finanziellen Mittel mir die Möglichkeit gegeben hat, das Gymnasium zu besuchen. Das war 1960 für ein Mädchen aus einfachen Verhältnissen nicht unbedingt üblich.

Sie war immer stolz auf mich. Sie hatte sich über gute und mittelmäßige Noten gefreut, sie hatte mich getröstet, wenn dieselben mal nicht so gut waren. Noten waren ihr eigentlich gar nicht so wichtig. Wichtig war, dass ihre Tochter das Abitur schaffen würde.

Und ich hatte es geschafft, zwar nicht glanzvoll, aber eines Tages hielt ich dieses Dokument in den Händen: das Abitur! Ohne eine Ehrenrunde gedreht zu haben.

Diesem Event folgten natürlich auch damals schon der Abiball und lustige Abifeten, allerdings nicht so ausufernd, wie das heutzutage üblich ist. Das Wichtigste aber war die feierliche Verabschiedung in der Aula, zu der die Eltern und auch die Großeltern, kurz alle, die auf den erfolgreichen Abschluss der Kinder stolz waren, geladen waren. Die Betonung lag auf *feierlich* – und feierlich bedeutete in einem feierlichen Rahmen. Diesen Rahmen bildete die Aula. Ein großer Saal mit hohen Decken, der bei Veranstaltungen ganze Schulklassen fassen musste. Eichenparkettfußboden, auf dem hölzerne Klappstühle standen, nicht gerade bequem, dafür konnte man auf ihnen auch nicht einschlafen. Still sitzen musste man leider auch, denn ein Hin-und Herrücken würde knarrende, störende Töne verursachen. Dieser Parkettfußboden war immer gebohnert und Glanz gerieben, man musste sich vorsichtig darauf bewegen, um nicht auszurutschen.

Unangemessene Bewegungsaktivitäten waren also gar nicht möglich. Die Gegebenheiten erforderten ein gewisses Maß an ordentlichem Verhalten, eben der Bedeutung dieses Raumes entsprechend. Die hohen, hellen Fenster hatten schwere Samtvorhänge. Alles wirklich sehr gediegen. Betreten wurde die Aula durch eine hohe, schwere Eichenholztür, die zusammengefaltet werden konnte. Obwohl dieser Raum schon viele Jahre auf dem Buckel und die Tür Kerben im Parkett hinterlassen hatte, schrappte sie immer noch über den Holzboden und gab dabei leicht knirschende Geräusche von sich.

Wir standen so gegen halb zehn im Flur vor der Aula ... die Abiturienten, die Lehrer und die Mütter und Väter und so manche Großmutter. 10 Uhr sollten die Feierlichkeiten beginnen.

Und natürlich hatten wir Mädchen feine Kleider an und die Jungs trugen Anzug. Es war Viertel vor zehn, und man begab sich in die Aula. Ich sah mich suchend um. Meine Mutter war immer noch nicht zu sehen. Ob sie den Eingang zur Schule nicht gefunden hatte? Mama war immer so verpeilt, wie man heute sagen würde.

Ich lief die Treppe nach unten und blickte über den Schulhof. Niemand zu sehen. Ob sie schon oben gewesen war und ich hatte sie einfach in der Menge übersehen? Mama war nämlich von relativ kleiner Körpergröße. Hätte ja sein können. Ich sprintete nach oben. Der Raum vor der Aula war menschenleer, die Tür stand noch einen kleinen Spalt breit offen. Leise schob ich sie zur Seite. Die Anwesenden hatten sich schon gesetzt. Das Geplauder war verstummt. Von meiner Mutter keine Spur. Ich spürte, wie Ärger in mir hochkam, aber auch Angst. Ob ihr etwas zugestoßen war? Diese Veranstaltung war so wichtig für sie. Für diesen Moment hatte sie in den ersten Jahren noch Schulgeld bezahlt, Geld, was sie sich vom Haushaltsgeld abgeknapst hatte, und sie hatte meinetwegen auf so manches verzichtet. Es konnte einfach nicht sein, dass sie diesen Termin vergessen hatte. Meine Freundin Gisela hatte in der vierten Reihe zwei Plätze frei gehalten. Der Hausmeister schob mich in den Raum und schloss die Tür.

Am Kopf der Aula, gleich neben der Eingangstür, befand sich eine Bühne, auf der Theatervorstellungen und Konzerte stattfanden. Heute hatte sich zu unserer Ehre das kleine Schulorchester unter der Leitung des Musiklehrers Herrn Kiesel dort eingefunden. Der Schuldirektor trat vor die Bühne. Stille im Saal. Er hielt nur eine kurze, aber zu Herzen gehende Rede. Eine Rede über das, was wir, seine Schüler, erreicht hatten, und dass er uns für unser Berufsleben alles Gute wünsche etc., etc. … Das, was man in solchen Momenten eben so sagt. Manchen Angehörigen standen Tränen in den Augen. Ach, was hätte meine Mutter sich gefreut!

Dann trat der Musiklehrer nach vorne, wandte uns den Rücken zu und hob den Taktstock: Mozarts Klavierkonzert C-Dur. Die Klänge von Klavier, Geige, Cello und Klarinette erfüllten die Aula, die eine fantastische Akustik hatte.

Diese Akustik wurde jedoch durch einen schrägen Misston gestört. Die große, schwere Tür der Aula öffnete sich einen Spalt breit, wobei sie über den Boden kratzte. Die Akustik des Raumes leitete das Geräusch weiter. Einen Moment blieb die Tür stehen, um sich aber dann weiter zu öffnen. Erst erschien eine Hand, dann der Kopf meiner Mutter, und dann quetschte sie sich mühevoll durch den Türspalt. Alle blickten Richtung Tür, manche verärgert, andere belustigt, der Musiklehrer irritiert. Da wagte es jemand, ihn in Ausübung der

höchsten Künste zu stören. Er ließ den Taktstock sinken. Die Musik erstarb. Meine Mutter, in einem lilafarbenen, schimmernden Kleid und sorgfältig hochtoupierten Haaren, sah sich suchend um.

Ich wollte vor Scham im Boden versinken. Ich stand nicht von meinem Platz auf, sondern winkte meiner Mutter hastig zu. Sie sah mich und huschte auf mich zu. Stühle wurden geräuschvoll hin und her geschoben, denn fünf Personen mussten sich erheben, um meine Mutter zu ihrem Platz durchzulassen.

Mama setzte sich ganz leise auf den Stuhl, atmete erleichtert aus und strahlte mich an: „Gerade noch geschafft!"

Der Musiklehrer erhob erneut den Taktstock.

Dr. Gabriele Schuster: *Jahrgang 1950, nach dem Abitur zwei Jahre Schiffsstewardess auf Großer Fahrt, mehrere Semester Ethnologie, Altamerikanistik und Archäologie, dann Studium der Veterinärmedizin an der FU Berlin, 1984 eigene Kleintierpraxis, verwitwet, zwei Söhne, Ruhestand seit Sommer 2018. Hobbys: Schreiben, Malen (Tierbilder in Acryl) Veröffentlichungen in zahlreichen Anthologien und Zeitschriften, ein eigenes Buch über Tod.*

Fünf Reihen hinter uns

Die Fans in der Nordkurve wurden von der Sonne noch lange verwöhnt, während uns auf der Ost bald die letzten Strahlen erreichen würden. Mit der unteren Reihe 7 waren wir noch gut bedient und beste Sicht aufs Spielfeld hatten wir sowieso. Ich trank einen weiteren Schluck Bier, stellte den Plastikbecher unter den Sitz und konzentrierte mich wieder aufs Match.

Unser Verteidiger Joe Scally spurtete gerade die rechte Seite entlang und spielte den Ball aus vollem Lauf scharf in den Fünfmeterraum. Alassane Pléa rannte von links herbei, erwischte den hart geschossenen Ball noch soeben, doch Leipzigs Keeper reagierte gekonnt. Nach dieser Szene in der 15. Minute bemerkte ich ihn. Es war wie ein Déjà-vu, auf das ich gern verzichtet hätte. Einige Reihen hinter uns im Block rief eine mir sehr vertraute Stimme: „Pléa 'eraus!" Es sollte eigentlich raus oder heraus heißen, aber zu hören war nur 'eraus, so eine Art Zwischending. Ohne Betonung und mit stummem H, so wie die Franzosen das machen oder gebürtige Aachener wie mein Dad. Ich traute mich nicht, mich umzudrehen. Wenn Vater auch sonst wenig mitbekam, mich hätte er garantiert entdeckt.

„Ich wusste gar nicht, dass Opa heute im Stadion ist", flüsterte meine sechzehnjährige Tochter Anna mir ins Ohr, ohne den Blick vom Spielfeld zu nehmen. Damit hatte sie mir auch den letzten Funken Hoffnung auf eine Verwechslung genommen. Zwei Worte genügten scheinbar, um seine Stimme unter Tausenden zu erkennen.

„Ich auch nicht!", erwiderte ich wenig begeistert.

„Muss das nicht *hinaus* heißen?"

„Hm."

Nach einer fehlerhaften Ballannahme ertönte wenig später erneut die Forderung: „Pléa 'eraus!"

Vater, wir wissen es!

Dann wurde Itakura von seinem Gegenspieler unfair attackiert, der Schiri entschied auf Freistoß. Aus der lächerlich kleinen Leipziger Fan-Ecke buhte es. Ein weiteres Mal hieß es über uns: „Pléa 'eraus."

Und täglich grüßt das Murmeltier! Man hätte genauso gut Halleluja rufen können. Mein Vater nervte, aber echt. Das hat bei ihm Tradition. Als ich vor langer Zeit einmal den unverzeihlichen Fehler beging, ihn mit ins Stadion zu nehmen, forderte er im ähnlichen Singsang die Auswechslung eines Spielers, der seit zwei Jahren nicht mehr zu unserem Kader gehörte und längst für Fortuna Düsseldorf kickte. Einige TV-Kommentatoren sind nichts dagegen!

Inzwischen hatte die Sonne unsere Tribüne verlassen, ihre Wärme vermisste ich. Zum Glück bekam aber unser Team das Spiel im Borussiapark zusehends besser in den Griff. Die Sitzplätze waren rausgeworfenes Geld, ständig forderten die Fans: „Steht auf, wenn ihr Borussen seid!" Die Stimmung war super – jedenfalls so lange es laut war. Ließen die Gesänge nach, hieß es bei jedem Querpass im bekannten Dialekt: „Pléa 'eraus!"

Auch die Zuschauer vor uns wunderten sich: „Wie ist der denn drauf?"

„Dem müsste mal einer das Maul stopfen", schimpfte der Bärtige in der Reihe vor mir. Schwerfällig erhob er sich, schaute abschätzig nach oben. Rund wie ein Rollkuchen versperrte er mir die Sicht.

„Lass gut sein", versuchte ich ihn zu beruhigen.

„Ist doch wahr, keine Ahnung haben und rummeckern wollen!"

„Na ja."

„Findest du das etwa richtig?", fragte er mich.

„Ja, nein", eierte ich herum. „Setz dich wieder hin!"

Anna half mir aus der Bredouille: „Es lohnt sich nicht, sich auch darüber noch aufzuregen! Der Fehlpass gerade war viel schlimmer!"

„Der Penner gehört sowieso nicht auf die Sechser-Position, das sag' ich schon die ganze Saison! Glück gehabt, dass die scheiß Bullen das nicht ausgenutzt haben." Das Bartgesicht war fürs Erste besänftigt, drehte sich wieder Richtung Spielfeld und plumpste auf seinen Platz zurück. „Verkaufen würde ich den", murmelte er in die eigene Richtung, „hätte ich bereits letztes Jahr gemacht. Längst überfällig, verdammt noch mal!"

Spätestens mit dem Halbzeitpfiff beschloss ich, heute auf die übliche Bratwurst und ein zweites Bier zu verzichten. Das Risiko, erkannt zu werden, war trotz meines schwarz-weißen Käppis einfach zu groß. So tief hätte ich es gar nicht ins Gesicht ziehen können. Nach dem Spiel konnten wir Vater mit einem verwunderten Ach-du-bist-auch-hier immer noch begrüßen. Hoffentlich passierte bis dahin nichts, denn mit seinem Verhalten war Dad eine tickende Zeitbombe. In Gedanken ging ich die besten Tipps aus dem letzten Deeskalations-Seminar durch.

Zu Beginn der zweiten Spielhälfte hatten die Sachsen das Spiel zunächst besser im Griff. Nachdem aber eine gelungene, unverhoffte Aktion vom Leipziger Orban geblockt wurde, kippte die Partie mehr und mehr in unsere Richtung. Ein Schuss nach einem Eckball verfehlte nur knapp das Ziel. Der Sprung auf die erhofften internationalen Tabellenplätze wurde greifbarer. Eine weitere, diesmal kurz ausgeführte Ecke erreichte Itakura, dessen wuchtige Direktabnahme der RB-Keeper zwar parieren, doch eigentlich nur abklatschen konnte. Pléas reaktionsschneller Kopfball landete in den Maschen. Mein erster Blick ging zum zwanzig Meter entfernten Linienrichter. Seine Fahne blieb unten, also Tor für Borussia! In gleicher Sekunde bestätigte es die Anzeigetafel. Anna hüpfte und umarmte mich. *Döp-döp-döp!* Die Tormelodie von Scooter dröhnte aus allen Lautsprechern,

die Herzen sprinteten von Trab in den Galopp. Ein Foto des Torschützen wurde eingeblendet. Unbeschreiblicher Jubel im gesamten Stadion!

Eine halbe Minute später drehten sich einige Fans um und riefen etwas nach oben, auch das rot gewordene Bartgesicht schrie lauthals: „War es das nun, du Blindfisch? Pléa hat uns in Führung gebracht, wie in Bremen auch! Nimm gefälligst deine Medikamente, bevor du zum Fußball gehst!"

Der Lärm legte sich und im bekannten Singsang erfolgte die Antwort: „Pléa 'eraus!"

„Der kann doch nur aus Leipzig kommen", meinte eine energische Frauenstimme direkt hinter Anna. „Oder aus Köln", ergänzte sie in Anspielung auf unseren Konkurrenten vom Rhein.

„Pléa 'eraus!" Sieh an, Vater hatte es auch gehört.

Irgendwie war ich im falschen Film. Das roch ganz stark nach Helge Schneider oder nach *Game of thrones*, wo einer ausschließlich: „Hodor, Hodor, Hodor", rufen konnte und letztendlich diesen Namen verpasst bekam.

Anna fragte mich, ob Opa schon immer so gewesen sei und ob man nichts dagegen machen könne. Ich hatte es irgendwann aufgegeben, nachdem Zureden und Argumente ihr Ziel nicht erreichten. Ein Sturkopf bleibt halt ein Sturkopf. Wahrscheinlich war mein Dad schon weit vor Corona Deutschlands erster Schwurbler, wenngleich der etwas angenehmeren Art.

Nach dem Treffer war Borussia das klar bessere Team. Pléa traf mit einem Flachschuss wenig später den Pfosten. Die Forderung aus Reihe 12, wie Anna heimlich abgezählt hatte, blieb unverändert. Die anfängliche Wut der Fans war angesichts der 1:0-Führung umgeschlagen, man begann sich über meinen Vater lustig zu machen.

„Hodor, halt die Klappe!", rief ich gut gelaunt in die Menge und erntete vom Bart einen erhobenen Daumen.

„Der trägt bestimmt noch das Trikot von Berti Vogts", meinte kopfschüttelnd mein Nachbar zur Linken, der bis dahin noch gar nichts gesagt hatte.

Das Spiel plätscherte vor sich hin, ohne dass uns RB richtig gefährlich werden konnte. Die Führung hielt und das war die Hauptsache. Eine Viertelstunde vor Schluss hieß es ein letztes Mal: „Pléa 'eraus!" Kurz darauf erfüllte sich dann der Wunsch meines Vaters: Florian

Neuhaus kam. Und unsere Nummer 14 ging mit tosendem Applaus 'eraus.

Als ich mich nach dem Schlusspfiff umdrehte, sah ich meinen Vater gesenkten Hauptes Richtung Ausgang stiefeln. Ich rief mehrmals nach ihm, doch er hörte es nicht. Man konnte fast glauben, dass er Pléas Treffer als persönliche Beleidigung wertete. Irgendwie tat er mir leid, auch wenn er sich eigentlich ebenfalls über die drei Punkte freuen musste. Früher hatte er nur gegen überbezahlte Trainer gewettert. Und gegen die unfähigen Vorstände – dabei wäre er besser geblieben. Kritik am Vorstand kommt immer und überall gut an! Ich hatte keine Lust, mich schon jetzt ins hektische Gewühl zu stürzen, lieber wollte ich mit Anna noch ein wenig die Stimmung genießen.

Am Abend werde ich Dad jedoch anrufen, nach seiner Meinung zu Alassane Pléa fragen und ihm sagen, dass es auf unserer Tribüne einen etwas merkwürdigen Rufer gegeben hatte, der den Spieler schon früh hatte auswechseln wollen. Interessanterweise wurde um uns herum gerade mehr über meinen Vater als über das Spiel gesprochen. Das werde ich ihm aber nicht erzählen.

Geboren 1957 in Geldern, wohnt in Lippstadt. ***Jan Spelunka*** *ist Autor von vier Kriminalromanen (Andy-Mücke-Reihe.*

Mörderisches
Bad Münstereifel
Jan Spelunka
Ende einer Lesereise
KRIMI
Jan Spelunka
Zwentibolds Wut
KRIMI
Jan Spelunka
Eine falsche Neun
KRIMI
Jan Spelunka
Die Drogenkammer
Die Andy-Mücke-Krimis
von Jan Spelunka
www.muecke.click

www.muecke.click

Jan Spelunka:
Ende einer Lesereise
Zwentibolds Wut
Eine falsche Neun
Die Drogenkammer

Wandernde Ohren

Es lebte vor langer Zeit ein Mensch, der auf seine Eltern nicht hörte. Er hieß Ivan. Die Eltern versuchten, ihm immer wieder Gehorsamkeit beizubringen, aber es klappte nicht. Wenn die Eltern ihm Moralpredigten hielten, presste er seine Hände an die Ohren.

Eines Tages waren Ivans Eltern so von ihm enttäuscht und verärgert, dass sie sagten: „Wir wünschen uns, dass deine Ohren wie in einem Märchen allein durch die Welt wanderten und sich anhören, worüber die Menschen, die Tiere und Vögel sprechen. Vielleicht wirst du dann nicht mehr deine Ohren verschließen, wenn deine Eltern mit dir reden."

Ivan ging schlafen und träumte davon, dass seine Ohren sich selbstständig gemacht hatten und durch die Welt wanderten. Sie hörten plötzlich, wie Mutter Maus ihrem Sohn sagte: „Bevor du aus dem Loch herauskriechst, hör genau hin, merke dir jedes Geräusch, pass auf, ob es nicht nach einem Kater riecht, der uns alle fressen will."

Das kleine Mäuschen hörte nicht auf seine Mutter und konnte sich nur mit Mühe und Not in sein Mäuseloch vor dem Kater retten, der mit seinen Krallen seinen Rücken empfindlich verkratzte.

„Siehst du", sagte die Mutter zu ihrem Sohn, „das passiert, wenn man nicht auf seine Eltern hört."

Im Wald hatten die wandernden Ohren gehört, wie sich zwei Vögel wegen eines Stückchens Fleisches stritten, das die Mutter ihnen ins Nest gelegt und dabei gesagt hatte: „Esst ruhig, es reicht für euch beide. Wenn ihr euch streitet, könnte es passieren, dass ihr aus dem Nest herausfallt. Ein Rabe könnte euch zu Tode picken oder ein Fuchs frisst euch zum Frühstück." Die Mutter flog Würmer für sie suchen, aber die beiden begannen sich zu streiten.

Ein kleines Küken sagte dem anderen: „Hör auf, mich zu picken."

Das andere piepste: „Das tue nicht ich, der Baum wird vom Wind geschaukelt und du störst mich beim Essen."

Der alte Uhu, der oben auf dem Baum saß, stellte sich schlafend an, hörte aber ihren Streit und dachte, wie dumm die Küken doch sind. Man sollte ihnen eine Lehre erteilen, aber sie würden sich schon selbst bestrafen …

Die kleinen Vögel stritten sich weiter und einer von ihnen fiel dabei aus dem Nest heraus. Der Fuchs, der gerade um den Baum herumschlich, fraß das Küken sofort auf. Als die Mutter zurückgeflogen kam, sah sie im Nest nur einen ihrer Söhne, der am ganzen Leib zitterte. „Wo ist dein Bruder", fragte sie?"

„Er ist aus dem Nest gefallen und ein Fuchs hat sich ihn sofort geschnappt und aufgefressen".

Die Mutter antwortete: „So ein schreckliches Schicksal ereilt die Kinder, die auf ihre Eltern nicht hören wollen."

An einem warmen Maitag hörten die wandernden Ohren in einem Moorgebiet am Rande des Waldes, wie eine Elchkuh versuchte, ihren Sohn vor allerlei Gefahren zu warnen. Sie ging ganz vorsichtig über einen schmalen Pfad, um ihren Sohn von dieser Moorinsel wegzuführen. Alles ging gut, so lange er sich ganz nah hinter ihr hielt und in ihre Fußstapfen trat.

Es waren nur noch drei Meter bis zum Ufer geblieben, als der kleine Elchjunge sich von bunten Blumen ablenken ließ, sich eine schnappen wollte, dabei aber dabei das Gleichgewicht verlor und langsam ihm Moor unterging.

Im Sommer kamen die wandernden Ohren in ein Dorf und hörten, wie eine Mutter ihren Sohn warnte, nicht allein zum Teich zu gehen. Der Junge hörte nicht auf sie, lief zum Teich und begann dort, Steine ins Wasser zu werfen. Plötzlich rutschte er aus und fiel ins Wasser. Er wäre ertrunken, wenn nicht ein Wanderer zufällig seinen Schrei gehört und ihn in der letzten Minute gerettet hätte.

Seit diesem Unfall begann die Mutter, ihn jeden Sonntag mit zur Kirche zu nehmen, und ermahnte ihn immer mit Worten aus der Bibel: „Bleib ruhig sitzen. Es steht in der Bibel geschrieben: Du sollst deine Eltern ehren und achten. Dann passiert dir nichts Schlimmes und du wirst ein langes und glückliches Leben haben."

Als die wandernden Ohren dies hörten, kehrten sie zu ihrem Besitzer zurück. Ivan lag noch tief in seinen Traum versunken im Bett. Als er wach wurde, ging er zu seinen Eltern und erzählte ihnen seinen Traum.

Seit dieser Zeit begann er, auf seine Eltern zu hören, und alles, was er machte, gelang ihm sehr gut. Er hielt nie wieder seine Ohren mit den Händen zu, wenn seine Eltern ihm etwas sagten. Er erzählte den anderen immer wieder, dass er die besten Eltern der Welt habe. Den Spruch aus der Bibel merkte er sich für sein ganzes Leben.

Das Märchen ist zu Ende. Du sollst das Blatt jetzt wenden.

Alexander Weiz

Omas Geburtstag

Die Torte steht, der Sekt ist kalt,
die Deko wirkt ein bisschen alt.
Die Gäste trudeln langsam ein –
Familienfeste: Muss das sein?

Die Tante schwärmt vom Schröpfgerät,
der Onkel flieht – doch viel zu spät.
Die Enkel proben Fluchtversuche,
der Hund macht sich auf Würstchensuche.

Cousin Kevin bringt 'ne Drohne mit,
die fliegt ins Bild – perfekt, der Hit!
Oma lacht und ruft: „Wie schön!
Doch könnt ihr alle mal kurz ruhig steh'n?"

Ein Gruppenfoto, schief und bunt,
der Opa schnarcht im Hintergrund.
Die Kerzen brennen, Reden stocken,
und irgendwer will jetzt tatsächlich rocken.

Doch mittendrin – ganz ohne Hast –
sitzt Oma, lächelt, hebt ihr Glas:
„Ihr seid verrückt, ich liebe euch sehr –
und nächstes Jahr gibts noch viel mehr!"

Nanja Holland

Weihnachtsgans und andere Probleme

Weihnachten bedeutet Stress pur! Und bis Heiligabend wird man in Kaufhäusern und Supermärkten mit dieser überfröhlichen Weihnachtsmusik vollgeduldet, dass man sie am 24. gar nicht mehr hören möchte.

Tannenbaum kaufen (keinen künstlichen): x
Für alle Geschenke kaufen: x
Alles fürs Weihnachtsessen kaufen (bloß nichts vergessen): x
Gans (die jedes Jahr sein muss!) nicht vergessen auftauten: x
Tannenbaum schmücken: x

Ich starrte auf meine Liste. „Puh, alles erledigt", dachte ich. „Hurra! Haken dran!" Mein Stresspegel sankt. Gott sei Dank. „Einmal durchatmen, bevor ich mit dem Kochen anfange", dachte ich, „sonst wird die Gans zu spät fertig und ich bekomme von Papa die Standard-Gardinen-Predigt: Deine Oma hat das immer ganz allein hinbekommen und so weiter. Bla-bla."

„Deine Oma soll dir dieses Jahr nicht helfen!" Papa stand in der Küchentür.

Schock! Ich war zusammengezuckt. Wenn man an den Teufel dachte … „Als ob sich Oma vom Kochen abhalten lassen wird", dachte ich.

„Du musst das irgendwann alleine hinkriegen!", meinte er. Er schlenderte mit zwei Tassen zum Kühlschrank, um Mama und sich mit Glühwein zu versorgen.

„Mama könnte mir ja mal helfen", meinte ich.

„Sie ist auch nicht mehr die Jüngste", brummte Papa.

„Na klar", dachte ich. „Sie geht auf die 50 zu. Oma steckt mit ihren 74 Jahren Mama locker in die Tasche, so fit ist die Gute noch."

Als ich klein war, na ja, bis ich selbst ein Kind bekommen hatte, hatten wir Weihnachten immer bei Oma gefeiert, weil Mama den ganzen Weihnachtsstress nicht vertrug. Klar! Seitdem mein Sohn Robin da war, durfte ich den Stress haben. Vielen Dank auch! Dabei war ich alleinerziehend und arbeitete noch Teilzeit in einem Büro. Mama war nur Hausfrau.

Papa stellte die vollen Tassen in die Mikrowelle. Dass er und Mama schon tranken, ärgerte mich.

„Robin spielt jetzt in seinem Kinderzimmer." Oma trippelte in die Küche und krempelte sich sorgfältig die Ärmel hoch. „Reiner, muss das jetzt schon sein?" Sie deutete auf die Glühweinflasche, die Papa wieder in den Kühlschrank stellte.

„Mutter, wir haben Weihnachten", erwiderte Papa. „Da ..."

„Da muss man sich literweise den Glühwein hinter die Binde kippen", fiel Oma ihm ins Wort. „Ihr zwei solltet euch schämen! Das macht ihr jedes Jahr." Sie band sich die Schürze um.

„Mutter, du solltest dich schonen", riet Papa ihr. „Lana kann das auch alleine! Sie hat schließlich auch ein Kind in die Welt gesetzt."

„Ha, Marion und du, ihr habt auch Kinder in die Welt gesetzt." Oma winkte ab. „Aber ihr habt nicht einen Finger gekrümmt, um mir damals zu helfen. Ich helfe Lana gern. Kochen ist meine große Leidenschaft."

Die Mikrowelle pingte. „Ja, ja. Ich sage schon nichts mehr!" Papa holte die Tassen heraus und verschwand eilig aus der Küche.

„Oma, du bist die Größte!" Ich musste sie einfach umarmen.

Auf ihren Wangen erschienen rote Flecken. Sie kicherte leise. „Los, nicht schwatzen!", sagte sie. „Wir sollten uns ranhalten."

Wir begannen, die Füllung vorzubereiten, und arbeiteten Hand in Hand wie jedes Jahr.

„Ach, manchmal denke ich daran, wie du mir als Kind geholfen hast." Oma seufzte.

Ich grinste. „Es war schön, bis Mama kam und mich aus der Küche gescheut hatte."

Oma gab einen Unmutslaut von sich.

„Kann ich auch helfen?" Robin stand im Flur und spähte schüchtern um die Ecke in die Küche. „Es ist so langweilig."

Wir schoben gerade den Vogel in die Röhre.

„Natürlich", rief ich erfreut. „Dann sind wir noch schneller fertig."

„Hoffentlich kommt Mama nicht herein", dachte ich besorgt. Sie mochte es überhaupt nicht, wenn Kinder in der Küche waren.

„Hilf mir mit dem Salatdressing, kleiner Mann", forderte Oma ihn auf.

„Ja sicher! Nächstes Jahr kann ich schreiben", erklärte Robin stolz. „Dann schreibe ich deine Rezepte alle auf."

„Vielleicht erst in zwei oder drei Jahren", meinte ich amüsiert. „So schnell lernt man nicht."

„Was? Wie lange dauert das blöde Lernen denn?", wollte er wissen.

Oma lachte. „Ach, ein ganzes Leben lang!"

Robin blieb der Mund offen stehen. „Du lernst immer noch? In was für eine Schule gehst du denn?"

Oma kicherte.

Es dauerte nicht lange, da schwebte der köstliche Geruch der Gans durch die Küche. Robin beobachtete, wie der Vogel vor sich hin brutzelte. Da der Herd Hitze abstrahlte, öffnete ich das Fenster, um etwas kühle Luft hereinzulassen.

„Was macht der Junge in der Küche?" Mama holte dieses Mal den Glühweinnachschub.

„Halt den Mund!", rief Oma. „Robin hilft uns, im Gegensatz zu euch zwei!"

„Viele Köche verderben den Brei", erwiderte Mama, die die Tassen füllte.

Endlich war alles fertig. Robin hatte geholfen, den Tisch zu decken und zu dekorieren.

„Was sollen diese Dinger hier?", beschwerte sich Papa und legte zwei Papiersterne, die er zwischen den Schüsseln gefunden hatte, weg.

„Die habe ich im Kindergarten gebastelt", sagte Robin traurig.

Oma legte sie wieder auf den Tisch und stemmte ihre Fäuste in die Hüfte. „Sie bleiben hier liegen", sagte sie.

Robin zappelte und hatte keinen großen Hunger. Die Bescherung rückte schließlich näher.

„Benimm dich!", rief Papa. „Sonst …"

„Ruhe!" Oma haute auf den Tisch. „Du warst in dem Alter auch nicht besser. Robin ist dieses Jahr halt besonders aufgeregt."

„Soso, Papa war also auch nicht perfekt", dachte ich schmunzelnd. Aber warum war mein Sohn dieses Jahr so aufgeregt?

Oma zwinkerte Robin zu. „Die beiden haben also ein Geheimnis vor mir!", dachte ich. „Ganz schön gemein!"

„Die Gans ist wirklich gut geworden“, lobte Papa plötzlich.

Dazu gab es Rotkohl und Knödel. Es gab auch frischen Salat, den aß ich lieber. Wenn ich den Vogel gemacht hätte, hätte Papa bestimmt etwas auszusetzen gehabt. Bei Oma musste er so etwas sagen, weil er glaubte, sie habe die Gans alleine gemacht. Meckern blieb also aus! Aber die Stimmung war trotz allem angespannt.

Endlich war Bescherung. Robin durfte wieder ins Wohnzimmer. Wie jedes Jahr klangen aus den Lautsprechern Kirchenglocken. Ob sie die Stimmung noch weihnachtlicher machten? Ich wusste es nicht! Es roch stark nach Glühwein.

Robins Augen glänzten vor Freude, als er vor dem Tannenbaum stand. „Boah, so viele Geschenke“, rief er begeistert.

Dafür hatte sich der ganze Weihnachtsstress gelohnt. Die Geschenke wurden verteilt. Robin öffnete kein einziges, was mich sehr wunderte. Seine Finger zuckten. „Was ist?“, fragte ich. „Warum reißt du nicht deine Geschenke auf wie immer?“

„Nicht, dass er krank ist“, dachte ich besorgt. „Das würde mir gerade noch fehlen.“ Ich berührte seine Stirn. Er fühlte sich nicht heiß an und lächelte breit. „Hat er vielleicht vom Glühwein getrunken?“, fragte ich mich besorgt. Als Mutter dachte man oft an das Schlimmste.

„Mama, Mama“, rief er aufgeregt. „Das ist für dich.“ Er überreichte mir stolz einen Briefumschlag. „Ist von Oma und mir!“

Verwundert öffnete ich das Kuvert und holte die Karte heraus. Ein Wellness-Wochenende? Damit hätte ich nun wirklich nicht gerechnet.

„Oh, wenn du es wegen Robin nicht wahrnehmen kannst“, sagte Mama, „nehme ich es!“

„Auf keinen Fall wirst du diesen Gutschein einlösen, Marion“, rief Oma. „Lana arbeitet immer so viel und muss sich dann auch noch um Robin kümmern.“

„Als hätte ich nicht auch Kinder groß gezogen“, rief Mama.

„In den Ferien habe ich immer frei“, warf ich ein, um die Wogen zu glätten.

„Na ja, wir könnten ja auch mal auf Robin aufpassen“, schlug meine Mutter überraschend vor.

Ich sah zu Robin, der mich flehend ansah.

„Ach, komm zu mir.“ Oma breitete ihre Arme aus. Sie musste wohl auch Robins Blick bemerkt haben. „Ich werde auf dich aufpassen.“

„Aua ja“, jubelte Robin und sprang zu ihr auf den Sessel. Stürmisch umarmte er sie. „Ich werde auch ganz lieb sein“, rief mein Junge. „Versprochen!“

„Siehst du, du kannst dich ruhig mal verwöhnen lassen“, sagte Oma.

Robin packte seine Geschenke aus und wir Erwachsenen tranken Glühwein. Nun war die Welt in Ordnung.

Nicole Gabrys: *geboren 1975 in Duisburg; Mutter von zwei erwachsene Kindern; besuchte einige Jahre den Online-Kreatives-Schreiben-Kurs bei der VHS. Seit 2015 veröffentlicht sie immer wieder bei verschiedenen Verlagen ihre Kurzgeschichten. Als ihre Kinder klein waren, schulte sie für einen Job im Büro um und war in einigen Unternehmen in unterschiedlichen Abteilungen tätig. Eine Weile war sie arbeitssuchend und fand Halt im Geschichtenschreiben. Sehr bald veröffentlicht sie ihren vierten Roman „Okpara – Der Traum von einem Leben nach dem Tod“ im Selfpublishing. Ende Mai erscheint ihr erster mystischer Kurzkrimi.*

Oskars Konfirmation

Als Kind freut man sich, wenn man in einer großen, kinderreichen Familie mit Tieren aufwächst. Es ist immer was los, man ist niemals allein, es gibt viel zu lachen und es gibt auch mal Streit. Heutzutage sind große Familien nicht mehr so häufig. Meine zählt jedoch definitiv dazu.

Mein Vater hat drei Geschwister und meine Mutter hat sogar fünf. Ich bin inzwischen 16 Jahre alt und habe das große Glück, neben zahlreichen Tanten und Onkeln nebst insgesamt acht Cousins und Cousinen zwischen drei Jahren und 23 Jahren auch noch beide Großeltern sowie einen Urgroßonkel zu meiner lebenden Familie zu zählen. Mit dazu gehören drei Hunde, 17 Katzen, diverse Kaninchen und Meerschweinchen, zwei Frettchen, drei Pferde und zwei Ratten und, nicht zu vergessen, das große Süßwasseraquarium von Onkel Tobi sowie seine Kois im Garten. Und natürlich Hühner und Kühe.

Aber reden wir über die Konfirmation von Oskar. Oskar ist das dritte Kind der ältesten Schwester meiner Mutter. Bei diesen Verwandschaftsverzweigungen den Überblick zu behalten, ist selbst als Gymnasiastin mit Einser-Durchschnitt eine Herausforderung. Da unsere Feierlichkeiten in der Regel viel Platz erfordern, feiern wir meistens auf dem Bauernhof von Urgroßonkel Gustav im hohen Westerwald. Er lebt noch auf seinem Hof, der aber inzwischen vom jüngeren Bruder meines Vaters und seiner Frau bewirtschaftet wird. Außerdem wohnen Oma und Opa Jockel auch dort.

Es war ein wunderschöner, schon fast sommerlich anmutender Sonntag im April. Wir hatten im Garten die große Tafel gedeckt, wo alle Platz fanden. Alle hatten sich fein angezogen. Wir machen bei jeder offiziellen Feier ein Familienfoto, deshalb stimmen wir im Vorfeld ab, was wir farblich an Kleidung tragen, damit es immer geschmackvoll aussieht. Die Herren trugen an diesem Tag alle Dunkelblau – passend zu Oskars Konfirmationsanzug – und die Damen cremefarbene Kleider und Kornblumen und Margeriten in den

Haaren. Die Hunde tollten auf den Wiesen und hatten ihren Spaß. Als wir von der Kirche zurückkamen, packten alle mit an, um das Essen aus dem Haus zu holen. Wir hatten ordentlich Hunger. Es wurde gegessen, gelacht, auf die Schenkel und Schultern geklopft, Gläser klirrten, Besteck klapperte auf dem Geschirr.

Schließlich stand Urgroßonkel Gustav langsam von seinem Stuhl auf und klammerte sich an der Tischkante fest. Er wurde meist im Rollstuhl gefahren, aber am Tisch war er der Chef und da wollte er stehen, um seine Ansagen zu machen. Er ließ seine Gabel leicht gegen sein Bierglas klirren und alle wurden schlagartig still. Ich staunte immer wieder, wie groß der Respekt der ganzen Familie vor unserem 93-jährigen Familienoberhaupt war.

„Liebe Familie. Es ist immer wieder wunderschön, euch alle hier zu haben. Heute wird noch viel gegessen und getrunken und gelacht. Ich muss jetzt mein Mittagsschläfchen machen, um später frisch erholt über die Torte herfallen zu können."

Damit hatte er die Lacher auf seiner Seite.

„Die Kinder fordere ich hiermit auf, spielen zu gehen. Ihr kennt euch aus, genießt die frische Luft, lasst die Handys in den Taschen und den Fernseher abgeschaltet. Viel Spaß!"

Die kleineren sprangen kreischend von ihren Sitzen und rannten los. Oskar rannte mit und die Hunde fühlten sich animiert, laut kläffend mitzuziehen. Ich zog mich mit meiner Lieblingscousine Lotta auf die Hollywoodschaukel zurück. Von dort hatten wir alles gut im Blick und konnten in Ruhe den neuesten Tratsch austauschen. Die Rasselbande spielte Fangen und ich fragte mich gerade, wie lange es wohl dauern würde, bis der Erste auf die Nase fiel und weinte. Doch hatte ich den Gedanken noch nicht zu Ende gedacht, als Holz brach. Dann schrie einer der Jungs grell auf, es machte laut und dumpf *Platsch* und es folgte zwei Sekunden völlige Stille, dann brach das Chaos los.

Lotta und ich sprangen auf und rannten hinter den Kuhstall zu den Kindern. „Wo ist Oskar?", fragte ich mich kurz, da hörte ich ihn schon schreien: „Hilfe, ich ertrinke, igitt ist das eklig, Hilfe!"

Als wir uns durch die Kinder und wild umherlaufende Hunde gekämpft hatten, sahen wir das Elend. Oskar war durch die morschen Bretter in die Jauchengrube gefallen – mit seinem teuren neuen Konfirmationsanzug.

„Oh mein Gott", hörte ich seine Mutter, Tante Minka, bereits rufen, die mit ihren Geschwistern und Schwägerinnen und Schwägern gerade um die Ecke bog. Sie schlug die Hände vors Gesicht. „Kann man euch denn keine Minute aus den Augen lassen?"

Onkel Robby, Oskars Vater, kniete sich an den Rand der Jauchengrube und versuchte, seinen Sohn aus dem stinkenden Schlamm zu ziehen. Die Hunde wurden immer wilder. Schließlich rempelte Molly, der rabenschwarze Riesenschnauzer, Robby von hinten an und stieß ihn kopfüber zu seinem Sohn ins Jauchenloch. Die Gülle spritzte durch den Aufprall zu allen Seiten und jeder, wirklich jeder bekam etwas ab. Tante Minka, die direkt neben der Grube stand, war von den Haarspitzen bis zu den Füßen braun gesprenkelt. Mit aufgerissenen Augen und aufgerissenem Mund schnappte sie völlig außer sich nach Luft.

Ihr Bruder, Onkel Leo, grinste sie von der Seite an und meinte lässig: „Mensch, Minka, jetzt hast du endlich die Sommersprossen, die du immer haben wolltest."

Alle lachten, nur Minkas Mine verfinsterte sich und sie boxte ihren Bruder mit voller Wucht vor die Brust. Leo taumelte kurz und ruderte wild mit den Armen, da fiel er schon rücklings auf seinen Schwager in die Grube, der gerade erst wieder aufgetaucht war.

Jetzt gab es kein Halten mehr. Lachen, Kreischen, Weinen, alles ging wild durcheinander. Die drei unfreiwilligen Badeopfer wurden mit vereinten Kräften aus ihrem stinkenden Bad gezerrt. Inzwischen hatten sich zahlreiche Fliegen eingefunden, die den strengen Duft dieser illustren Gesellschaft offenbar sehr betörend und anziehend empfanden.

Meine Mutter ergriff lautstark das Wort: „Ruhe jetzt, ihr Wahnsinnigen! Alle Mann ab in den Hof. Wer noch halbwegs sauber ist, geht zu den Omas, die sollen Handtücher und Laken in den Hof bringen und viel Duschgel oder meinetwegen Waschpulver. Ich hole den Gartenschlauch. Klamotten runter und waschen. Ab jetzt ... Marsch, Marsch!"

Die Kinder rannten los und versammelten sich im Innenhof am Kinderplanschbecken. Zwei meiner Onkel, die zum Glück mit ihrem Espresso beschäftigt waren und deshalb unversehrt, fuhren los, um Wechselkleidung für alle zu holen. Der Wäscheberg auf der Wiese wurde immer höher und stank jämmerlich, während die ersten

Kinder schon kreischten, als sie mit dem kalten Wasser abgewaschen wurden.

Tante Minka saß in der Wiese und schluchzte: „Alles zerstört, das können wir nur noch verbrennen. Was für eine Katastrophe.“

Plötzlich stand Gustav an der Tür zur Küche: „So, ich wäre bereit für Kuchen.“

Kurze Stille und große Augen, die sich alle auf den alten Mann richteten, der offenbar gar nichts mitbekommen hatte.

„Was ist mit euch? Habe ich was verpasst? Was stinkt denn hier so?“

Jetzt gab es endgültig kein Halten mehr. Alle lachten, die Kinder kugelten sich auf der Wiese, die Hunde tollten herum und bellten begeistert und sogar Tante Minka begann wieder zu lächeln, obwohl die Tränen noch liefen.

Ein ganz normaler Feiertag mit meiner Familie. Ich würde mit keiner anderen Familie tauschen wollen. Ich liebe sie alle. Das Familienfoto machten wir trotzdem noch – und das war diesmal wirklich einmalig.

__Monika Schillinger,__ Jahrgang 1969, veröffentlichte ihre erste Kurzgeschichte in der Schülerzeitung. 2008 war sie Standfotografin bei Dreharbeiten („Piraten Jenny und Käpt'n Rotbart“ mit Klaus-Peter Wolf) am Set. 2009 folgte der Abschluss als Drehbuchautorin an der ARD- und ZDF-Medienakademie. Seit 2010 wurden bereits mehrere Kurzgeschichten in verschiedenen Anthologien und Genren veröffentlicht.

Heimat erleben
Geschichten erzählen

**Neue Anthologiereihe öffnet Türen
zu literarischen Schätzen Deutschlands**

Die neue Anthologie-Reihe „Heimat erleben, Geschichten erzählen“ widmet sich der Vielfalt des literarischen Lebens in Deutschland. Mit 41 deutschen Regionen und vier Großstadtmetropolen im Mittelpunkt, wie beispielsweise dem Schwarzwald, dem Siegerland, der Lüneburger Heide, der Uckermark, dem Harz, der Sächsischen Schweiz oder den Städten Hamburg und München, stellt diese Reihe das reiche kulturelle Erbe, die vielfältigen Traditionen und die besonderen Charakteristika der deutschen literarischen Regionen heraus. Ziel ist es, eine Plattform zu schaffen, die Autorinnen und Autoren die Möglichkeit bietet, ihre Werke in einem breiten, literarischen Kontext zu veröffentlichen und so die literarischen Schätze der deutschen Regionen zu bündeln.

Literarische Reisen durch Deutschland

Mit dieser Anthologie startet ein neues Projekt, das dazu einlädt, das literarische Leben Deutschlands authentisch und kreativ zu erkunden. Schon in früheren Ausschreibungen wurden ähnliche thematische Schwerpunkte gesetzt, doch „Heimat erleben, Geschichten erzählen“ verfolgt nun das umfassende Ziel, die literarischen Stimmen der Regionen auf eine größere Bühne zu heben und zusammenzuführen.

Die Auswahl an Genres und Themen ist bewusst breit gefächert: Eingereicht werden können Erzählungen, Sagen und Märchen, Gedichte, Anekdoten, Mundarttexte, Historisches, Reiseberichte, Kurzkrimis, Fabeln, Legenden, Tagebucheinträge, Porträts, Lieder und Autofiktion – um nur einige zu nennen. Auch Bilder, historische Fotografien und Illustrationen sind willkommen, um die einzelnen Regionen noch anschaulicher darzustellen. Die Ausschreibungen sind für Schreibende jeden Alters offen, die Geschichten können unabhängig von der Herkunftsregion der Autorin oder des Autors eingereicht werden. Auch Mundarttexte sind ausdrücklich erwünscht, um die kulturelle Vielfalt Deutschlands authentisch einzufangen und den Charme der einzelnen Regionen erlebbar zu machen.

Weitere Informationen unter

https://papierfresserchen.eu/heimat-erleben/

Rätselspaß: Entfessle deinen Geist!

Alarmstufe Rot:
Rätsel für kluge Brandbekämpfer
ISBN: 978-3-96074-847-2

Rätselgrill:
Scharfe Fragen für heiße Köpfe
ISBN: 978-3-96074-848-9

Tüftler-Rätsel:
Denksport für pfiffige Heimwerker
ISBN: 978-3-96074-849-6

Rätselbiker:
Coole Fragen für heiße Motorradfahrer
ISBN: 978-3-96074-855-7

Rätselgarten:
Kniffliger Denksport für grüne Daumen
ISBN: 978-3-96074-852-6

Katzen-Knobelei:
Rätselspaß für clevere Katzenliebhaber
ISBN: 978-3-96074-856-4

Schrauber-Rätsel:
Kniffliger Ratespaß für Autofreaks
ISBN: 978-3-96074-846-5

*

Taschenbücher, 140 Seiten
von **Nanja Holland** im Buchhandel, bei
Amazon und unter
www.papierfresserchen.de

Unsere neue Buchreihe

Coloring Books by Papierfresserchens MTM-Verlag

Papierfresserchens MTM-Verlag gibt seit Kurzem auch pädagogisch wertvolle Malbücher für Kinder und Erwachsene heraus. Dabei sind Malbücher mehr als nur eine Freizeitbeschäftigung – sie spielen eine wesentliche Rolle in der Entwicklung von Kindern. Durch das Ausmalen von Bildern können Kinder ihre Feinmotorik, Hand-Augen-Koordination und Konzentration verbessern.

Malbücher für Erwachsene bieten eine wirksame Möglichkeit, Stress abzubauen und den Geist zu beruhigen, indem sie eine meditative und entspannende Wirkung haben. Sie fördern die Kreativität und ermöglichen es Erwachsenen, ihre künstlerischen Fähigkeiten auszudrücken. Darüber hinaus können sie die Konzentration und Achtsamkeit stärken, indem sie den Fokus auf einfache, wiederholende Aufgaben lenken und somit den Alltag entschleunigen. Ausführliche Informationen zu beiden Konzepten finden Sie unter:

Infos unter www.papierfresserchen.de